JN025083

卓上 CNC からマシニングまで!!

次世代クラウドベース3DCAD/CAM

Fusion 360
操作ガイド

CAM・切削加工編 2
2021年版

スリプリ（株式会社 VOST）

三谷大暁／大塚 貴／濵谷健史◉共著

カットシステム

■サンプルファイルのダウンロードについて

サンプルファイルをダウンロードするには、巻末の袋とじ内に記されているナンバーが必要です。本書を中古書店で購入したり、他者から貸与、譲渡された場合、巻末の袋とじが欠落しているためにダウンロードできないことがあります。あらかじめご承知おきください。

■ソフトウェアのバージョンアップへの対応について

本書の内容は、2020 年 9 月時点での内容となっております。Fusion 360 はバージョンアップが頻繁に行われるため、バージョンアップに伴う手順の変更等につきましては、随時スリプリブックの「書籍改訂情報」ページにて更新情報をアップデートしております。

書籍改訂情報

https://cad-kenkyujo.com/book/revision/

はじめに

3D プリンターをはじめ、レーザーカッターや卓上 CNC などの工作機械を使用したデジタルファブリケーションが、より身近になってきました。今までのアナログな方法とデジタルを組み合わせて、新しいモノづくりが手軽にできる世界が広がろうとしています。

しかし、3D プリンターや CNC を使った新しいモノづくりをするには、3D データを作成する必要があります。3D のソフトは一般的になじみがなく、とても難しそうでとっつきにくそうというイメージが先行しているのが現状です。

現在、教育現場や仕事の中で 3D ソフトに触れる機会は「専門知識」として修得する以外には皆無です。今後 3D プリンターの普及と同時に、小学校の工作の時間に 3DCAD に触れることが当たり前になれば、「なんだ、3D ソフトって簡単なんだ」という認識も広がってくるかもしれません。

私たちスリプリは、3DCAD/CAM メーカーで実務経験を積んだ「3D ソフトのプロフェッショナル」として、3DCAD は難しくないことを広めたいと考えています。文書を作成するのに Word を、表やグラフを作るのに Excel を使うように、3D データを作るのに CAD を使うことが当たり前になり、誰もがモノづくりを身近に感じることができる世界を目指しています。

本書は、2014 年 6 月より定期開催している「スリプリ Autodesk Fusion 360 CAD セミナー」から生まれました。よりわかりやすく、より丁寧にをモットーに進化を続けてきたセミナーは、アンケートの 9 割以上で「大変満足」をいただいております。

全国で定期開催中ですので是非ご参加ください。

「スリプリ　セミナー」で検索！
http://3d-printer-house.com/3dcad-campus/

本書は初心者目線で専門用語をかみ砕いた楽しい題材を基に、基本的な機能や 3D データを作成する際の考え方を身に付けていただける内容になっています。是非楽しみながら学んでいただき、「欲しいモノをいつでも作れる」すばらしさを体験してください。

You can MAKE Anything!!
Let's enjoy 3D!!

「Fusion 360 操作ガイド」シリーズ 4 冊目となる本書、「Fusion 360 操作ガイド［CAM・切削加工編］」では、CAM 機能の基本的な操作と、ローランド ディー . ジー . 株式会社様、株式会社オリジナルマインド様の協力を得て、卓上 CNC の基本的な使い方を学習いただけます。

本書の構成および解説は、シリーズ既刊の 3 冊の知識を前提としております。あらかじめご了承ください。各既刊の大まかな内容は次のとおりです。

ベーシック編： ユーザーインターフェイスの紹介、データの管理方法、スケッチの描き方やモデリングの方法、レンダリングの方法など、基礎的な操作を学習いただけます。

アドバンス編： ベーシック編で学んだ内容を応用し、より複雑な形状のモデリング、有機的な
　　　　　　　形のモデリング、複雑なレンダリングの設定などを学習いただけます。
スーパーアドバンス編： 　上記 2 冊の内容を応用し、複数の部品から構成される組み立て部品
　　　　　　　の設計、解析機能、スキャンデータの活用などを学習いただけます。

Fusion 360 の特徴

　Fusion 360 は、オートデスク株式会社が開発を行っている 3 次元 CAD です。オートデスク株式会社は 1980 年代から 2 次元 CAD を販売し、CAD という分野を作り上げた企業です。また、3DCG の 3 大ソフトウェアを買収するなど、CAD と CG 両方の技術に長けた企業です。

　Fusion 360 はそれらの技術を利用し、クラウドベースという新しい概念を取り込んだ最新のソフトウェアです。通常は高価格帯でしか実現していなかった多彩な機能が、安価（ビジネス用途以外は現状無料）で提供されています。

Fusion 360 の動作環境

- OS：Microsoft Windows 8.1（64 ビット）（2023 年 1 月まで）、Microsoft Windows 10（64 ビット）、Apple macOS Catalina 10.15、Mojave v10.14、High Sierra v10.13
- CPU：64 ビットプロセッサ（32 ビット版および ARM はサポートされていません）、4 コア、1.7 GHz Intel Core i3、AMD Ryzen 3 以上
- メモリ：4 GB の RAM（内蔵グラフィックス 6 GB 以上を推奨）
- インターネット：ダウンロード速度 2.5 Mbps 以上、アップロード速度 500 Kbps 以上
- ディスク容量：3 GB のストレージ
- グラフィックスカード：DirectX 11 以上をサポート、VRAM 1 GB 以上の専用 GPU、RAM 6 GB 以上の内蔵グラフィックス
- ポインティングデバイス：HID 準拠マウスまたはトラックパッド、オプションで Wacom タブレットおよび 3Dconnexion SpaceMouse をサポート
- 依存関係：.NET Framework 4.5、SSL 3.0、TLS 1.2 以降

※ 2020 年 9 月現在

※動作環境はリリースごとに更新されます。公式ホームページより最新情報をご確認ください。

■ 特徴 1：わかりやすいユーザーインターフェイス

　ソフトウェアの使いやすさはわかりやすいユーザーインターフェイスから生まれます。各コマンドには作成できる形状のアイコンが付いており、どのような操作ができるのかを直観的に理解できるため、初心者でもなじみやすいインターフェイスになっています。

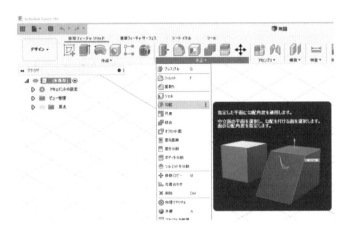

■ 特徴 2：多様なコマンド群

　無償の 3DCAD は、無償が故にコマンドが少なくなっており、曲線を描いたりカタチを作ったりする際に多くのステップが必要になっていました。Fusion 360 は、多様なコマンドにより、より直観的に、より早く、モデルを作ることができるようになっています。

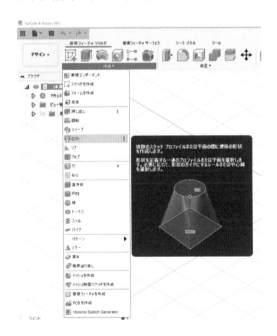

■ 特徴 3：履歴管理機能

　どのようにカタチを作成してきたか、という履歴情報が付いているため、いつでもカタチを編集することができます。これは一般的には高価格 CAD にしか付いていない「パラメトリックモデリング」という方法で、数字を変えるだけで簡単に大きさを変えたり、複雑なカタチに変更したりすることができます。3D プリンターで造形してみたけど、ちょっとカタチを変えようかな、少しサイズが大きなものがほしいな、といったときに、無償の 3DCAD ではデータを一から作り直す必要があることがほとんどです。Fusion 360 の履歴管理機能を使うと、3D プリンターの「すぐにほしいものが作れる」というメリットを最大限に生かすことができます。

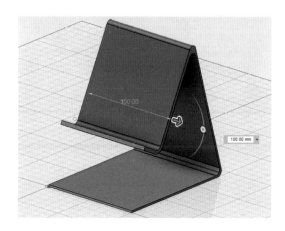

■ 特徴 4：滑らかな曲面作成機能

　通常、大きさの決まったモノを作るには CAD、滑らかな曲面を持ったモノを作るには CG という、別々のソフトを組み合わせるしかありませんでした。Fusion 360 は CAD が不得意としていた滑らかな曲面を作る T スプラインという新しい機能を持ち、粘土細工のように直観的な操作で滑らかな曲面を作成できるようになっています。また、大きさをきちんと決めた CAD 機能との組み合わせが可能なため、2 つのソフトウェアを修得する必要がなくなっています。
※本書では滑らかな曲面作成機能の使用方法はご紹介しておりません。ベーシック編、アドバンス編、スーパーアドバンス編を参照ください。

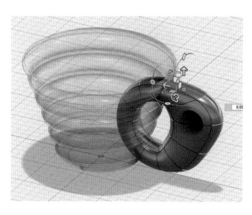

■ 特徴 5：板金モデル作成機能

　板金モデルとは、金属の板を曲げてつくるモデルです。実際に作成できるように角には曲げが自動で入り、重なってしまう部分も自動で調整してくれます。また、板金モデルは板状のモデルに簡単に変換できるため、実際に必要な材料の形が得られます。
※本書では板金機能の使用方法はご紹介しておりません。

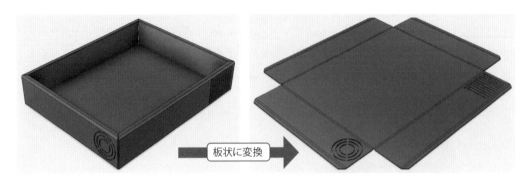

板状に変換

■ 特徴 6：コラボレーション機能

　Fusion 360 は最新のクラウド統合型 CAD となっており、ウェブブラウザはもちろん、Android や iPhone のアプリでデータを開くことも可能です。
※本書ではコラボレーション機能の使用方法はご紹介しておりません。ベーシック編、アドバンス編、スーパーアドバンス編を参照ください。

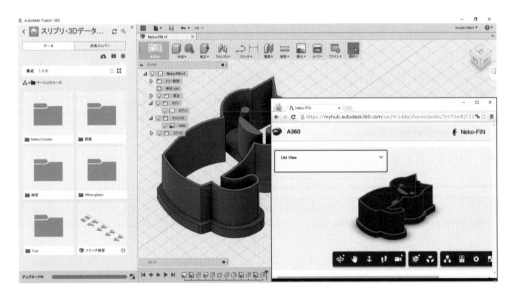

■ 特徴 7：レンダリング機能

　作ったカタチを写真で撮ったかのようなリアルな画像で表現できる機能、それがレンダリング機能です。

通常この機能だけで専門ソフトウェアが必要でしたが、Fusion 360 には標準搭載されています。3D プリントする前に完成イメージをつかんだり、作ったものをウェブで紹介したりする際に利用できる、非常に楽しい機能です。

※本書ではレンダリング機能の使用方法はご紹介しておりません。ベーシック編、アドバンス編を参照ください。

■ 特徴 8：アセンブリ機能

複数の部品を作成する場合、組み立てた際に干渉してはまらないことがないか、可動部品を動かしたときに正しく動くか、といった検証をすることができます。Fusion 360 では一般的な 3DCAD に搭載されているパーツ同士の組立機能に加え、隣接する部品を簡単に設計するための機能が多彩に用意されています。

※本書ではアセンブリ機能の使用方法はご紹介しておりません。スーパーアドバンス編を参照ください。

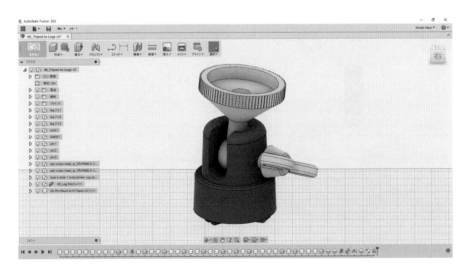

特徴 9：解析機能

設計段階で、強度が弱く壊れる可能性がある箇所や、どのように変形するかをシミュレーションすることができます。

実際にモノを作らなくても強度を強くできるため、試作の回数を減らすことができます。

※本書では解析機能の使用方法はご紹介しておりません。スーパーアドバンス編を参照ください。

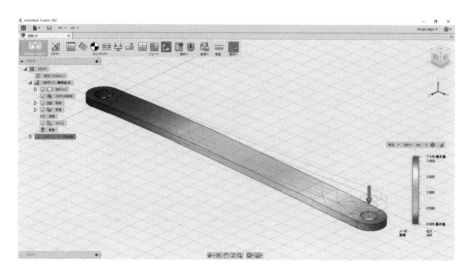

特徴 10：CAM 機能

木材やプラスチック、金属などを削ってカタチを作る CNC 工作機械を動かす頭脳となるのが CAM というソフトウェアです。通常は CAD ソフトと CAM ソフトは別のソフトになっており、それぞれのソフトを学ぶ必要がありましたが、Fusion 360 はその両方をシームレスにつないで使用することができます。

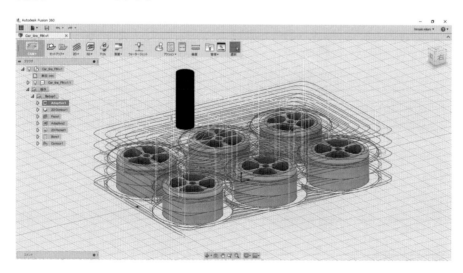

本書の使い方

　本書で使用するデータ及び課題の解答は、ウェブサイトにて公開をしております。

　以下の URL を検索し、巻末の袋とじ内に記されているナンバーを入力してデータをダウンロードしてください。

　「スリプリブック」で検索！
　https://cad-kenkyujo.com/book/

スリプリブックをご活用いただくために会員登録をお願いしております。
Fusion 360 はアップデートが頻繁に行われるため、書籍を十分に活用いただけるよう、次年版出版までのアップデート情報や有益な情報を発信しております。会員登録後、課題データのダウンロードおよび、課題解答を見ることができるようになります。また、会員登録していただくことで、本サイトに掲載されている会員限定のコンテンツのダウンロードが可能になりますので、今後の学習に是非お役立てください。

スリプリブック課題解答一覧とデータダウンロード

Autodesk Fusion360の人気講座が、「スリプリブック」としてついに書籍化！

このページでは、スリプリブックの解答の確認と課題に使用するデータのダウンロードができます。
該当する書籍の「課題解答・データダウンロード」ボタンをクリックしてください。

※ 最新バージョンに対応した改訂版もこちらから見ることができます。

[ベーシック編]

課題解答・データダウンロード

[アドバンス編]

課題解答・データダウンロード

[スーパーアドバンス編]

課題解答・データダウンロード

[CAM・切削加工編 1]

課題解答・データダウンロード

[CAM・切削加工編 2]

課題解答・データダウンロード

　本書は、手順を追いながら操作できる演習と、それに関連する課題が用意されています。演習を行った後、課題にチャレンジしてみてください。

　課題の解答も、上記 URL よりご覧いただけますのでご活用ください。

　本書の内容は、2020 年 9 月時点での内容となっております。Fusion 360 がアップデートされたことにより、本書の手順通りに操作ができないなどの情報もこちらのウェブサイトに掲載しておりますので、併せてご覧ください。

※本ウェブサイトは予告なく変更する可能性がありますので、あらかじめご了承ください。

公式掲示板「コミュニティフォーラム」のご紹介

「コミュニティフォーラム」はオートデスク公式の Fusion 360 掲示板です。ユーザーが自由に質問などを書き込むことができ、オートデスクスタッフだけではなくユーザー同士で問題解決をする交流の場になっています。また、検索することもできるため、機能把握や問題解決に是非ご活用ください。

「コミュニティフォーラム」は Fusion 360 のヘルプメニューの ［コミュニティ］-［フォーラム］をクリックする事でアクセスできます。

CAD CAM CAE の使い方や最新ニュースサイト「キャド研」のご紹介

　「キャド研」では、本書で紹介しきれなかった Fusion 360 の最新情報や便利な使い方の動画、すべての設定項目について説明したコマンド一覧などを公開しております。

　また、Fusion 360 のエバンジェリストから Fusion 360 のブロガー、はたまたものづくり女子大生まで、様々な Fusion 360 に関する記事が読めるサイトとなっております。

　本書を学んだ後のスキルアップツールとして是非ご活用ください。

　「キャド研」で検索！

　https://cad-kenkyujo.com/

企業向けサービス「BIZ ROAD（ビズロード）」のご紹介

　株式会社 VOST では、企業で Fusion 360 を活用いただけるよう、Fusion 360 の企業向けサービス「BIZ ROAD」をご用意しております。本書で取り上げる Fusion 360 の CAM 機能を利用し、マシニングセンタを始めとする産業用工作機械をフル活用するには、教育セミナーでの教育や、ポストプロセッサのカスタマイズが不可欠です。

　ソフトウェアを使用する技術者様の早期育成に、是非ご活用ください。

　「ビズロード」で検索！

　http://bizroad-svc.com

Fusion 360 のインストール方法

①公式ウェブサイト（http://www.autodesk.co.jp/products/fusion-360/overview）より、
「無償体験版をダウンロード」ボタンを選択し、ダウンロードします。

②自分が使用するライセンスのタイプを選択します。

③Autodesk アカウントをお持ちの方は、メールアドレスとパスワードを入力して「サイン
　イン」します。Autodesk アカウントをお持ちでない方は、「アカウントを作成」を選択し、
　ユーザー情報を入力します。

④「今すぐ Fusion 360 をダウンロード」をクリックします。

⑤ダウンロードが自動的に始まります。

ダウンロードが始まらない場合は、「もう一度試してください。」をクリックし、ダウンロードします。

⑥ ダウンロードしたファイルをダブルクリックし、インストールします。

⑦ メールアドレスとパスワードを入力して「サインイン」します。

　Fusion 360 の公式 Facebook ページでは、Fusion 360 の新機能をはじめ、「Fusion 360 Meetup」などのイベント情報などが紹介されています。

　Facebook を利用されている方は、最新情報を見逃さないようにページへの「いいね！」をしてみてください。

「Fusion 360 Japan」で検索！

https://www.facebook.com/Fusion360Japan/

また、Twitter および Youtube にも公式アカウントがございます（「Fusion 360 Japan」で検索）。

Twitter https://twitter.com/Fusion360Japan?lang=ja
Youtube https://www.youtube.com/channel/UCqmZCkX0ZYFywI5RxeQht6A

本書の全体の構成

　CAM・切削加工編 2 では、CAM・切削加工編 1 から引き続き

第 1 章：切削加工機「MDX-40A」を動かす方法を学びます。

第 2 章：捨て板や治具を活用した多面加工の加工方法を学びます。

第 3 章：複雑で細かい箇所を含む形状に対するツールパスの作成方法を学びます。

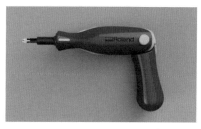

第 4 章：自分で用意したポストプロセッサの使用方法を学びます。

第 5 章：自動工具交換付きの機械の動かし方を学びます。
※自動工具交換は有償ライセンスが必要な機能となります。

目　次

第3章　電動ドライバーをつくろう......................... 131

第4章　カスタムポストプロセッサをインポートしよう
207

第5章　ATC 付きの機械を動かそう 217

第1章

Roland MDX-40A を使ってみよう

次の内容を学習します。

- ●制御ソフトウェアの使用方法
- ●MDX-40A の基本的な使用方法
- ●工具の取り付け方、材料のセッティング方法
- ●NC データでの加工方法

1.1 この章の流れ

この章では、NC データを使って切削加工機「MDX-40A」を動かす方法を学びます。

制御ソフトウェアの使い方を学びます。（1.2、1.3）

MDX-40A への工具の取り付け方法を学びます。（1.4）

材料準備の方法を学びます。（1.5）

加工原点の設定方法を学びます。（1.6）

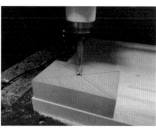

NC データの読み込み方法と機械を動かす方法を学びます。
（1.7）

1.2 制御ソフトウェアを使用しよう

　制御ソフトウェアは、CNC の動作を制御するソフトウェアです。NC データを制御ソフトウェアに読み込ませることで、継続的にデータを機械に送りこみ、加工を行います。VPanel は、Roland MDX-40A に付属する制御ソフトウェアです。

　一般的に、制御ソフトウェアでは以下のようなことができます。

- 工具の移動
- 加工原点の設定
- NC データの実行

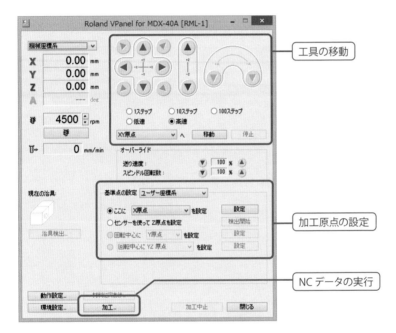

VPanel は USB ケーブルで MDX-40A 本体につないでいるときのみ起動します。

1.3 VPanel の操作をマスターしよう

VPanel の環境設定を行います。[動作設定]を選択し、設定を行います。

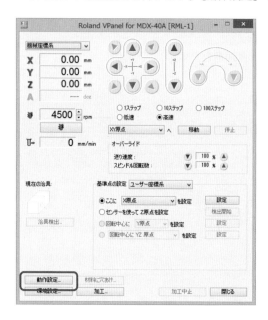

「コマンド体系」を「RML-1/NC コード自動切り替え」に変更し、[OK]で確定します。

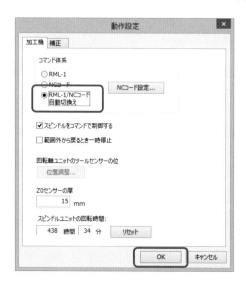

 Fusion 360 から NC データ経由で加工をする場合に必要な設定です。

送りボタンを使用して、機械を手動で動作させます。

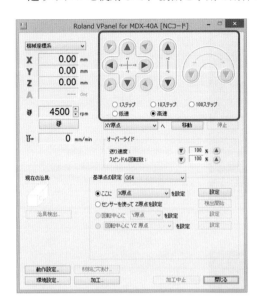

1 ステップは 0.01 mm、10 ステップは 0.1 mm、100 ステップは 1 mm 移動します。

機械は指示通りに動作します。テーブルなどにぶつけないように十分注意して移動してください。特に、Z 軸を下降させる場合にはテーブルにぶつけることがありますので、必ず速度を「低速」以下にして作業をすることをおすすめします。

1.4 工具を取り付けよう

工具の取り付け方法は以下の通りです。

必ず使用される工具の取扱説明書を熟読した上で、説明書に記載の方法で取り付けてください。

① コレットに工具を差し込みます。

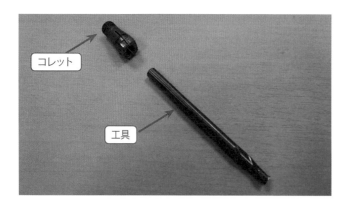

② 工具をつけたコレットを仮止めします。

③ コレットを本締めします。

取り付ける際に工具の突き出し長さに注意してください。突き出し長さについては、CAM・切削加工編1の第1章「加工の基礎知識」の1.13節「工具取り付け時の突き出し長さ」を参照してください。

捨て板の面出し

　　CNC を使用する際に、テーブルを削らないように、交換が可能な板をテーブル上に設置しておくことがあります。この板を「捨て板」と呼び、切り抜きの加工や位置決めの穴をあけるために使用します。テーブルに貼り付けた捨て板は水平になっている保証がないため、面出しを行うことで水平にすることができます。

　新しい捨て板を設置した際や、捨て板が汚れてきたり傷がついてきた際には、再度面出しをして使用し、薄くなったら交換することが重要です。

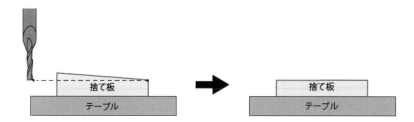

　機械には面出し用の NC データが付属することも多いですが、Fusion 360 で捨て板の面出しのツールパスを作成するには、［2D］-［面］コマンドが便利です。

　Z0 の位置を加工するツールパスを作成しておき、制御ソフトで削りたい高さに Z 原点を設定し、加工します。

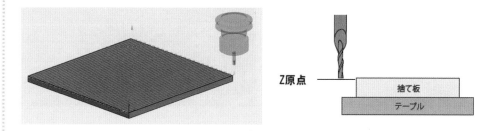

　また、加工するストックも面出しをしておくことが重要です。ストックが斜めになっていると、捨て板との接触面積が減り、加工中に材料が外れる場合もありますので注意してください。

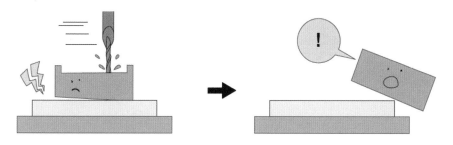

※画像出典：MODELA MDX-50 ものづくりガイド 両面切削マニュアル

1.5 材料（ストック）を準備しよう

材料の対角線を結び、加工原点を設定するための目印をつけます。

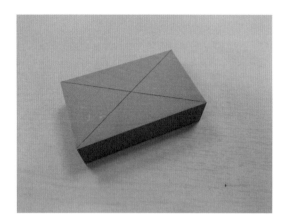

裏側に両面テープをつけ、テーブルにしっかりと固定します。

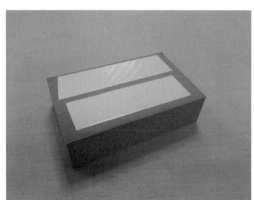 

 材料の裏側やテーブルの上に目に見えない切り粉が付着していることがあります。両面テープを貼る前に、ガムテープなどできれいにしておきましょう。

 固定の仕方が弱いと、工具の回転の力に負けて最悪材料が跳ね飛ばされることがありますので、しっかりと固定しましょう。

1.6　加工原点を設定しよう

送りボタンを使用して、セットした材料にマークした交差点に工具を移動します。

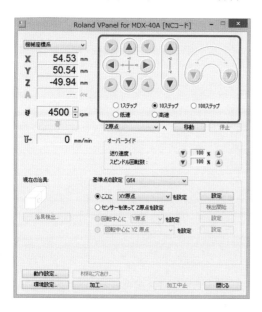

Z軸はなるべく材料に近づけて、X軸とY軸を調整しましょう。

加工の基準となる加工原点の設定は、加工において最も重要な作業です。CAM上の原点と同じ位置に設定する必要があります。

1 mm 以上大きくずれると問題ですが、0.1 mm 単位のずれは、CAM 上で少し大きめにストックの大きさを決定していることで問題とはならない場合が多いです。また、正確性を期すためには、工具は細い方が合わせやすいです。

「基準点の設定」を「G54」、「ここに「XY原点」を設定」を選択し、[設定]を選択します。

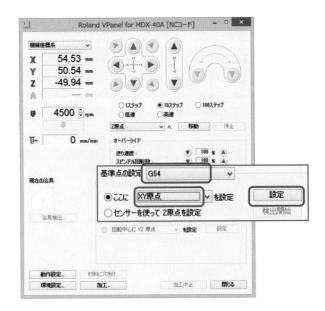

 Fusion 360 から出力される NC データは G54 が初期値です。必ず G54 を設定してください。

　左上の「機械座標系」を「G54」に変更すると、XYの加工原点を設定したため、X と Y の座標値が「0.00 mm」になっているのが確認できます。

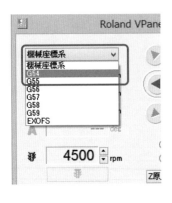

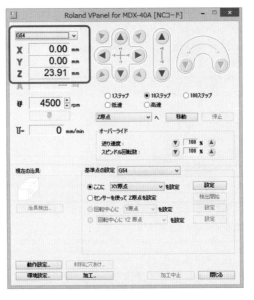

 左上の座標値は、工具の現在位置を示しています。「機械座標系」に設定すると機械原点を基準にした現在の座標値が、「G54」に設定すると G54 の加工原点を基準にした現在の座標値が、下の XYZ のフィールドに表示されます。

複数の加工原点を設定しよう

　　工作機械によっては、ワーク座標系（加工原点）を複数設定することができます。その際に、どの座標値がどの加工原点にあたるのか、という番号が G54 〜 G59 という連番の番号に割り当てられています。もっと多くの番号を設定できる機械や、記述の仕方が違う機械もあります。

　機械には、機械ごとに絶対的な座標の原点（X=0、Y=0、Z=0）の位置「機械座標系原点」を持っています。そこから「XYZ方向に何mm移動した箇所を今回のG54に設定する」という作業がワーク座標系（加工原点）の設定です。

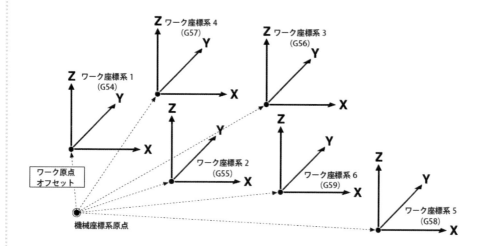

　Fusion 360 では、［設定］-［設定］で加工原点を設定すると、初期値で G54 が設定されるようになっています。設定を変更して G55 を使用するには、セットアップの［ポスト処理］タブの「WCS オフセット」に「1」を入力します。

　「54 + WCS オフセットの数値」が値になるため、例えば「4」を入力すると、「54 + 4」でG58 の座標系になります。

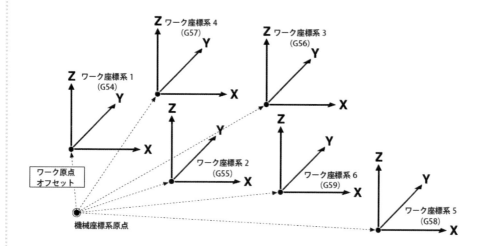

　複数の座標系を指示する場合は、必ず機械側でも設定をする必要があります。また、機械側で必要な G コードが正しく出力されない場合、ポストプロセッサのカスタマイズが必要になりますので、その際にはお問い合わせください。

続いて、Z0 センサーを使って Z の原点の設定を行います。Z0 センサーの裏側に両面テープを貼り付け、テーブルに貼り付けます。

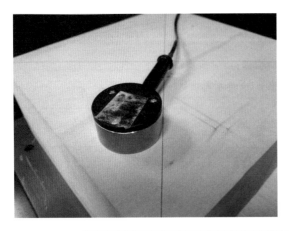

ストック（材料）は両面テープを貼り付けて固定するため、テーブルから両面テープの厚み分高い位置がストックの Z=0 の位置になります。Z0 センサーにも両面テープを貼り付けておくことで、ストックと同じ位置を Z=0 の位置にすることができるため、Fusion 360 で設定した加工原点の位置と一致させることができます。
Z0 センサーに両面テープを貼らない場合は、検出後に送りボタンを使用して、実際に計測した両面テープの厚み分（0.1 mm ～ 0.17 mm 程度）を加算して Z の座標を設定してください。

送りボタンを使用して、Z0 センサーの真上に工具を移動します。

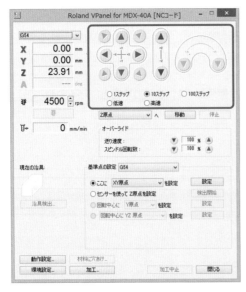

Z0 センサーは、工具を通して通電することで刃先の長さを検出します。工具の底に両面テープが付いていたり、センサーの上に切りくずが残っていたりすると、正しく検出できず、センサーを壊してしまう場合がありますので、よく拭き取ってから検出を開始してください。

「基準点の設定」が「G54」になっているのを確認し、「センサーを使ってZ原点を設定」の［検出開始］を選択します。

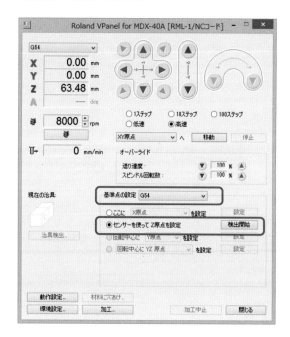

検出が完了すると、ダイアログボックスが表示され、テーブルの上面がZ=0の位置に設定されます。

1.7 NC データを入力して加工しよう

［加工］を選択し、NC データをインポートします。

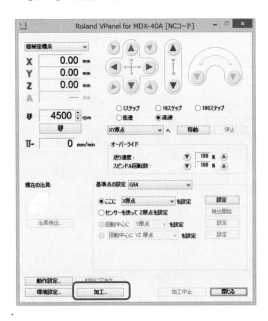

［追加］を選択し、Fusion 360 から出力した NC データを選択し、［開く］を選択します。

［出力］を選択すると、加工が始まります。

切削動作中にカバーをオープンすると、非常停止となり、初めから加工することになりますので、注意してください。

初めて加工する場合、[テスト] ボタンを使用し、NC コードを確認しながら 1 行ずつ実行して確認することを強く推奨します。加工原点の設定ミスなどにより、機械を破損してしまうのを防ぐチェックです。

最も危険なのが、加工開始時に初めに Z 軸を下げるときです。安全に Z 軸が下がったのを確認したら一旦 [加工中止] を選択し、[閉じる] ボタンでダイアログを閉じた後、[出力] で加工を開始してください。

1 行ずつ実行する際に確認するべき内容は、CAM・切削加工編 1 の第 1 章「加工の基礎知識」の 1.17 節「NC データの仕組み」を参照してください。

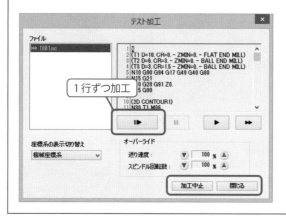

必ず同一工具を使用している NC データごとに加工してください。

初めての製品を削る場合、設定した送り速度が適切でない場合もあります。[オーバーライド] ボタンでスピードを調整できるため、低めから様子を見ることをお勧めします。

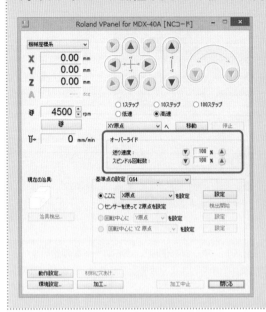

加工を一時停止する場合、本体の View ボタンを押します。材料によっては、切りくずがたまって仕上がりが悪くなる場合もあります。その際には、加工を一時停止して切りくずを除去し、加工を再開することがあります。
再開時にはカバーを閉めた状態で View ボタンを長押しすると再開することができます。

ケミカルウッドの場合、加工途中で切りくず除去は多くの場合必要ありません。他の材質の場合、切りくずがたまることで仕上がり面に影響を与えることがありますので、途中で加工を一時停止して切りくずを除去する必要がある場合があります。

1.8 加工終了

工具が完全に停止したのを確認してから、本体の View ボタンを押し、手前に移動します。

掃除機を利用して、切りくずを除去します。

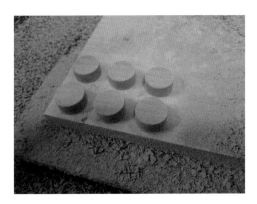

加工終了後に別の製品を加工する場合、[すべて削除]ボタンで NC データを削除してから新たな NC データを追加してください。

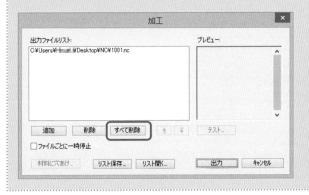

第2章

ボディを削ろう

次の内容を学習します。

- 加工準備の方法
- ツールパスの設定方法(面負荷制御、等高線、走査線、ボア、彫り込み)
- 両面加工の方法
- 治具を使った側面加工の方法

2.1 この章の流れ

この章では、車のボディの加工データを作成しながら、捨て板や治具を活用した多面加工の加工方法を学びます。

加工データを作成する前のモデルデータの準備をします。（2.3）

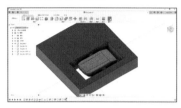

1回目の加工用(裏面)にセットアップします。（2.4）

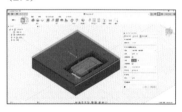

1回目のツールパスを作成します。（2.5〜2.9）

捨て板用のセットアップ、ツールパス作成をします。（2.11、2.12）

2回目の加工用(表面)にセットアップします。（2.13）

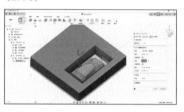

2回目のツールパス作成を作成します。（2.14〜2.18）

3回目のツールパスを作成するための治具をモデリングします。（2.20）

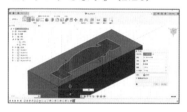

治具の加工用にセットアップします。（2.21）

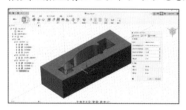

治具加工のツールパスを作成します。（2.22、2.23）

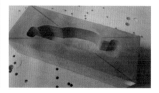

3回目の加工用（側面）にセットアップします。
（2.25）

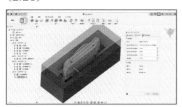

3回目のツールパスを作成します。（2.26～
2.28）

2.2　加工の概要

材料：	ケミカルウッド
使用する工具：	⌀6スクエアエンドミル、⌀6（R3）ボールエンドミル、⌀2フラットエンドミル、⌀2彫刻カッター
使用する機械：	MDX-40A
加工方法：	両面加工、治具を使った側面加工
固定方法：	両面テープ

2.3 加工のためのモデリングをしよう

データパネルを開き、[アップロード] ボタンを選択します。「ファイルを選択」で「Car_body.f3d」を選択し、アップロードします。

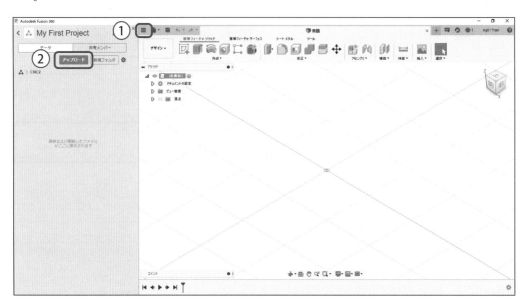

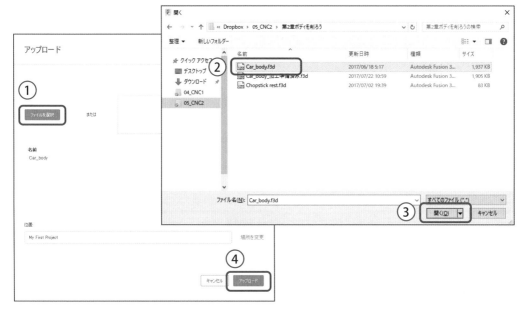

使用するデータは、以下の URL からダウンロードできます。
    https://cad-kenkyujo.com/book/（「スリプリブック」で検索）
「おもちゃの車をつくろう」フォルダの「Car_body.f3d」を使用します。

「Car_tire」と「Car_tire（ミラー）」を非表示にします。

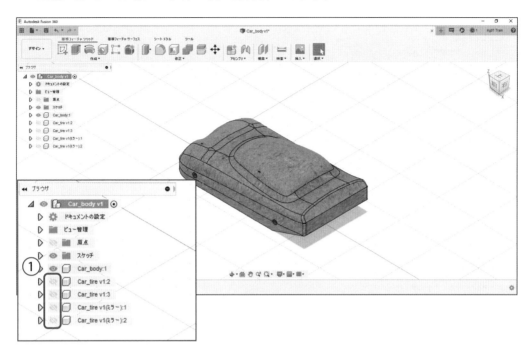

［スケッチを作成］で、XY平面を選択します。

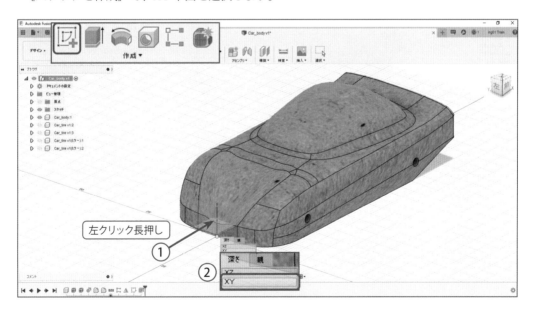

［作成］-［長方形］-［2点指定の長方形］で、以下の2点を指定し、長方形を作成します。

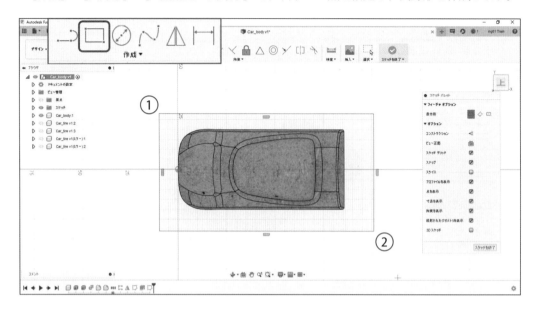

［作成］-［スケッチ寸法］で、4箇所に「10 mm」の寸法を付加します。

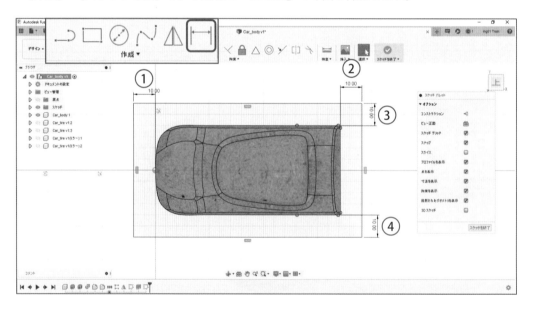

［作成］-［長方形］-［2点指定の長方形］で、以下の2点を指定し、長方形を作成します。

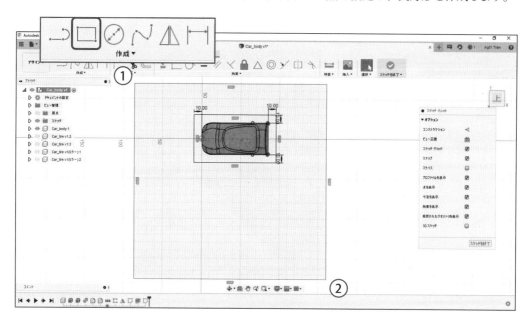

　［作成］-［スケッチ寸法］で、外形の寸法を縦「160 mm」横「160 mm」、縦方向の距離「15 mm」、横方向の距離を「27 mm」に設定します。

　［スケッチを終了］でスケッチを終了します。

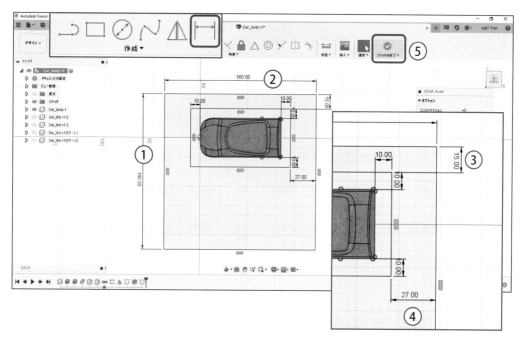

今回は、160 mm × 160 mm のサイズの材料を購入するため、ボディが2個削り出せるような位置に調整しています。

［作成］-［押し出し］で、作成したスケッチを「30 mm」押し出します。

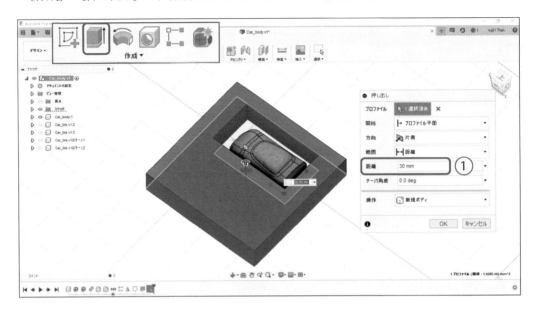

［スケッチを作成］で、作成した形状の後ろ側の側面を選択します。

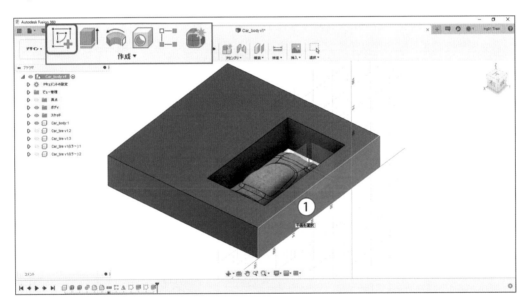

［表示設定］-［表示スタイル］-［ワイヤフレーム］でワイヤフレーム表示にします。

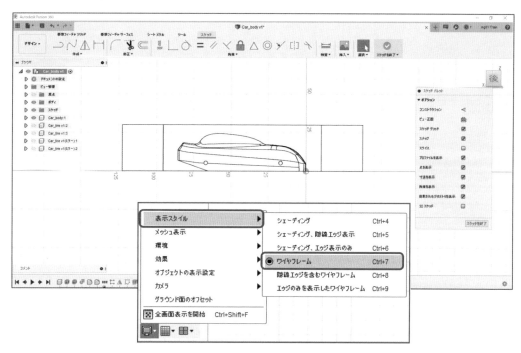

重なっている形状をもとにモデリングをする際には、ワイヤフレーム表示が見やすいです。

［作成］-［長方形］-［2 点指定の長方形］で、Ctrl キー（Mac は ⌘ キー）を押しながら、以下の長方形を作成します。

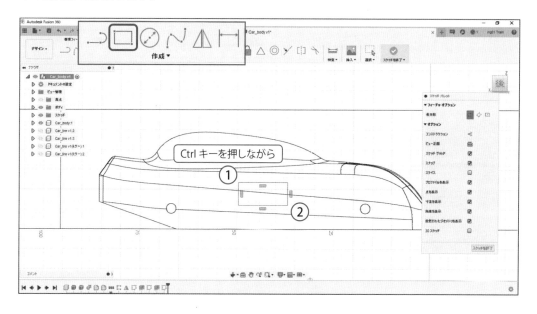

［作成］-［スケッチ寸法］で、縦「2 mm」横「10 mm」の寸法を付加します。

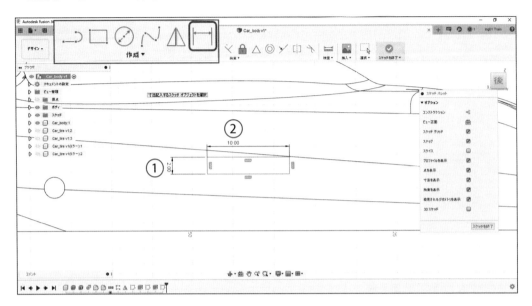

内枠から「45 mm」、底面から「6 mm」の寸法を作成し、［スケッチを終了］でスケッチを終了します。

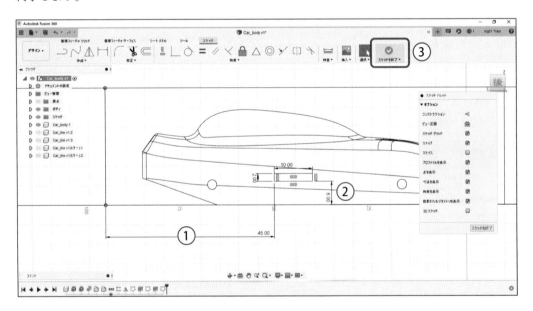

［表示設定］-［表示スタイル］-［シェーディング、エッジ表示のみ］で表示を元に戻します。

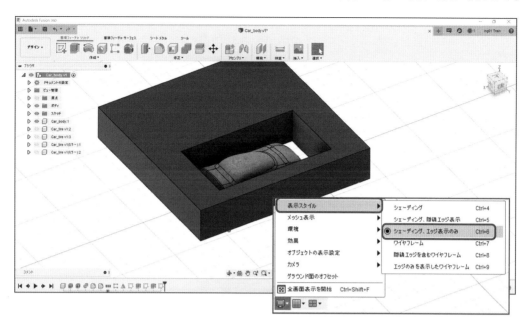

ブラウザで「Car_body」を非表示にし、［作成］-［押し出し］で作成したスケッチを押し出します。

「範囲」を「オブジェクト」に設定し、内側の面を選択、「操作」を「結合」に設定し、［OK］で確定します。

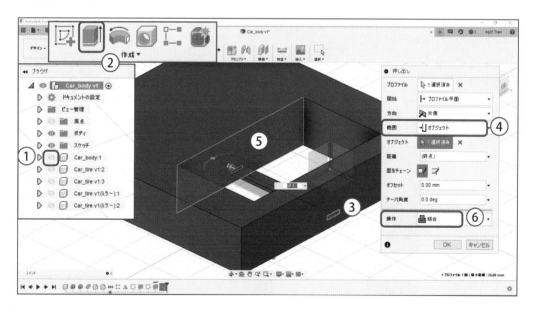

ブラウザで「Car_body」を表示します。

[スケッチを作成] で、裏側の面を選択します。

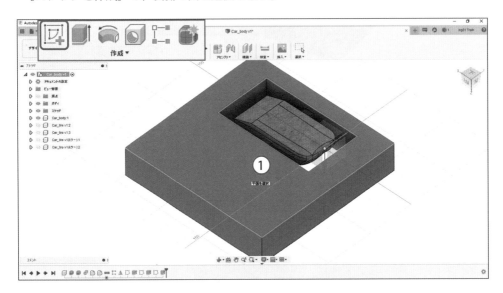

[作成]-[円]-[中心と直径で指定した円] で、以下の2箇所に、「3.2 mm」の円を作成します。

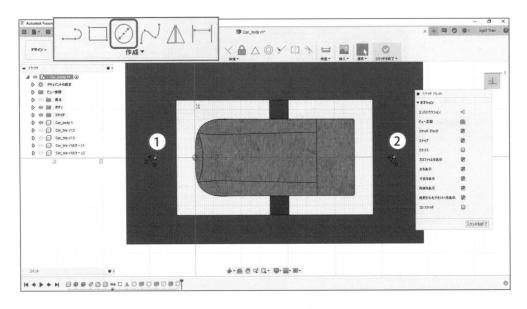

［拘束］-［水平 / 垂直］で、円の中心点と原点を水平にします。

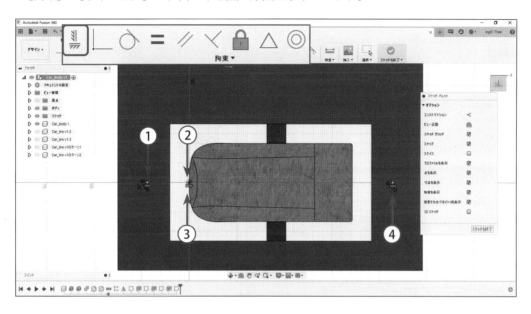

［作成］-［線分］で中心に線分を作成します。

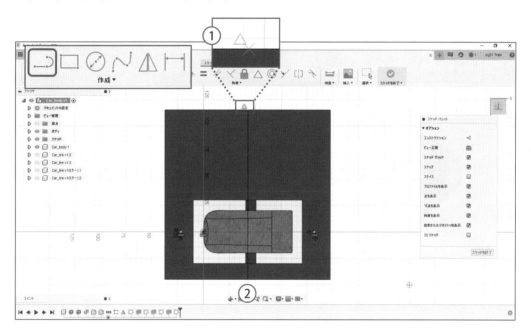

［作成］-［スケッチ寸法］で、作成した線分から円の中心まで、「65 mm」の寸法を作成します。
［スケッチを終了］でスケッチを終了します。

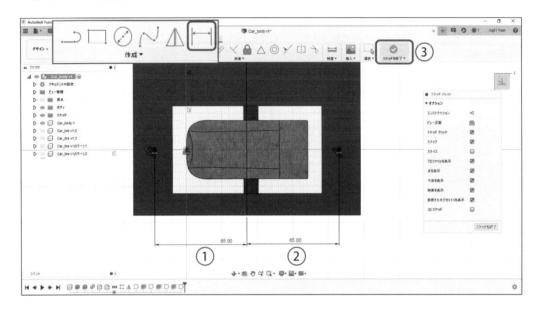

［作成］-［押し出し］で2つの円を選択し、「–10 mm」押し出します。

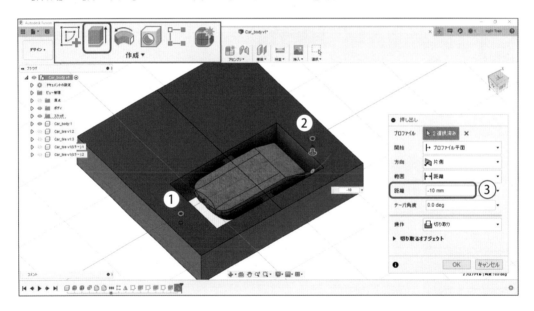

両面加工のための位置決め穴

　両面加工をするために位置決め穴を作成することがあります。位置決め穴のもつ役割は重要で、誤った位置に位置決め穴をあけてしまうと、オモテ面と裏面の加工がずれてしまい、加工に失敗する原因となります。

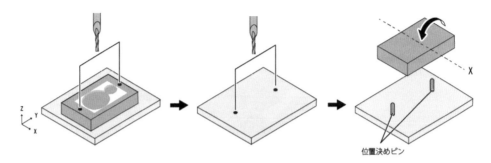

位置決めピン

※画像出典：MODELA MDX-50 ものづくりガイド 両面切削マニュアル

　形状を反転した際に、同じ位置にワーク座標系（加工原点）がある必要があります。今回の加工では、2箇所の穴をあけましたが、その位置関係はワーク座標系から等距離にしています。

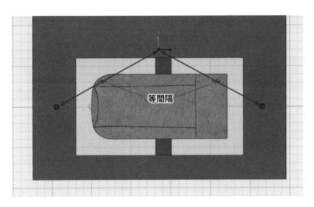

等間隔

　そして、反転する際には、Y軸を中心として横向きに回転させることで、裏返しても同じ位置に配置する事ができます。反転の向きを間違えるとワーク座標系との相対位置がずれるため、慎重に穴の位置を設定してください。

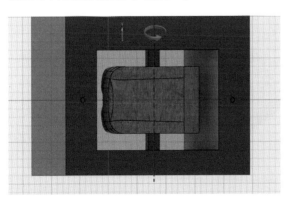

［ファイル］-［保存］で上書き保存します。

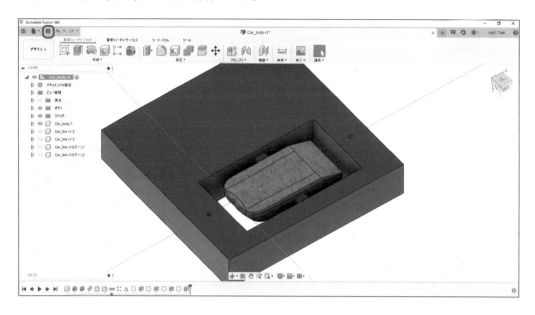

2.4 加工準備

作業スペースを［製造］に変更します。

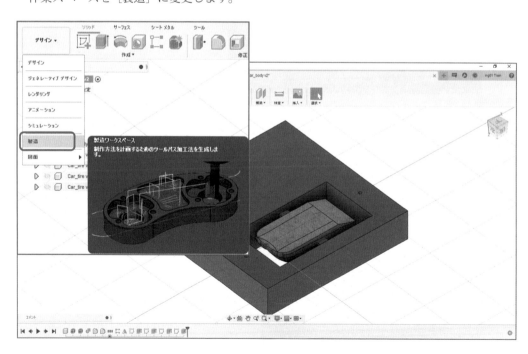

　［設定］-［設定］で、加工のための準備を行います。裏返した上面が +Z 方向となるように、方向を変えます。

　「方向」で「Z 軸 / 平面、X 軸を選択」を選択し、「Z 軸」で形状の上面を選択します。

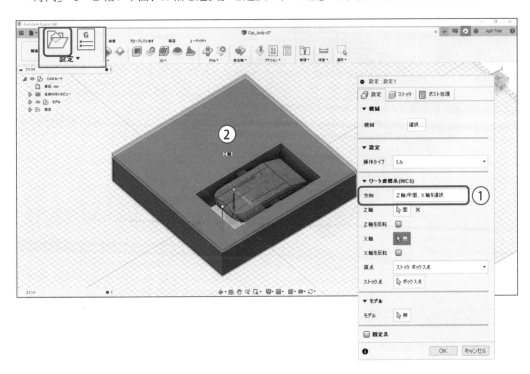

　「X 軸」で以下のエッジを選択します。

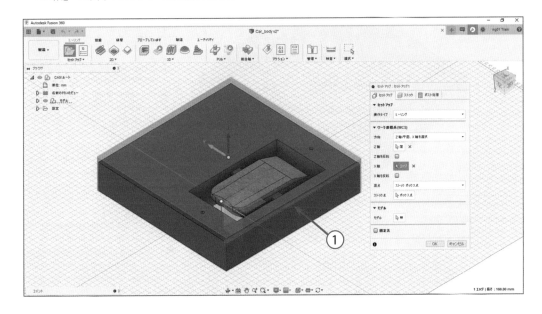

「ストック点」の「ボックス点」を選択し、真ん中の一番下の以下の点を選択します。

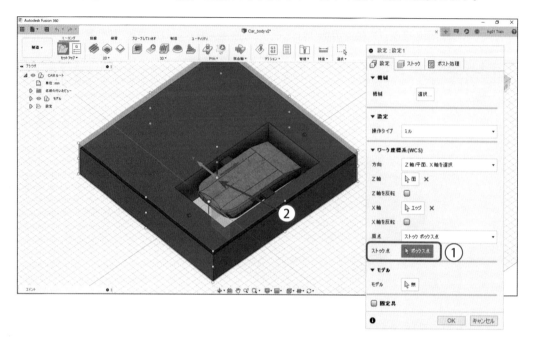

モデルで2つのボディを選択します。

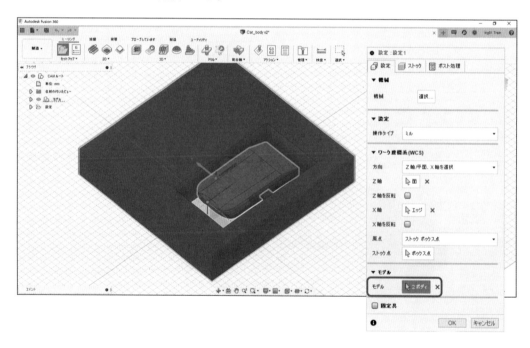

　「ストック」タブで、「ストック サイド オフセット」を「0 mm」、「ストック トップ オフセット」を「0 mm」に設定し、[OK]で確定します。

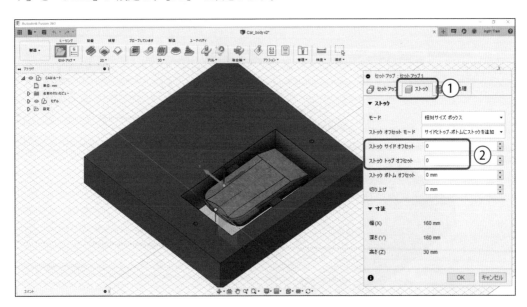

ボディの裏側に平面部分があるため、裏側から加工します。オモテ面を加工する際にボディの底面もテーブルに接するので、切削負荷などによる影響が少なくなります。
逆から加工すると、裏側から加工する際にボディはタブのみで支えるため、切削負荷により振動する可能性があります。

2.5 面出しのツールパスをつくろう

［2D］-［面］で面出しのツールパスを作成します。［工具］タブの「工具」で工具を選択します。

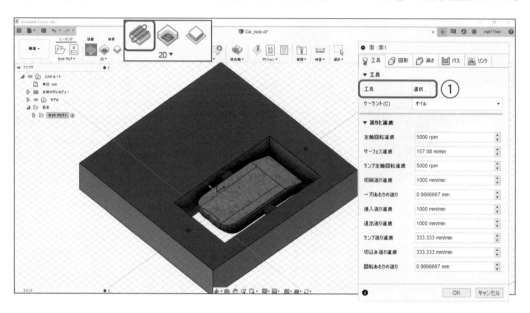

　右側のフィルタから「ツールカテゴリ」-「ミーリング」、「タイプ」-「フラット エンドミル」
を選択します。

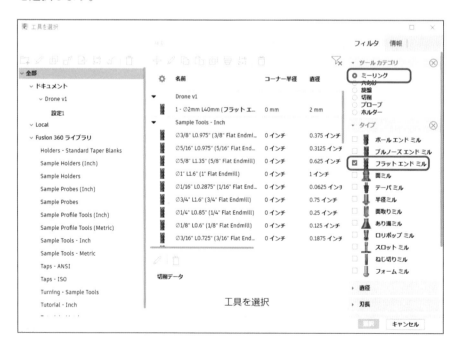

「直径」を開き、「選択」-「等しい」を選択します。

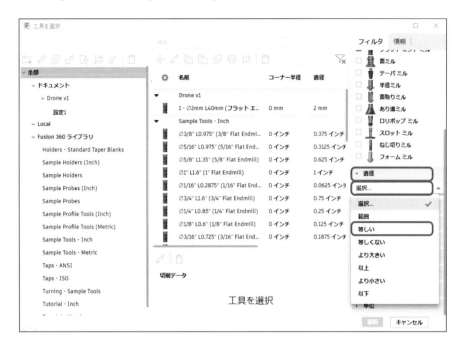

表示された寸法フィールドに「6 mm」と入力し、工具を抽出します。

工具リストから、一番上の「∅ 6 mm L22.5mm」を選択し、［選択］を選択します。

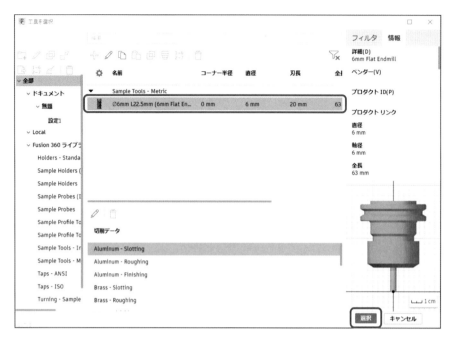

　切削条件を設定します。「主軸回転速度」に「15,000 rpm」、「切削送り速度」に「2,500 mm/min」を入力します。

　「進入送り速度」、「退出送り速度」、「ランプ送り速度」が「1,440 mm/min」になっていることを確認します。

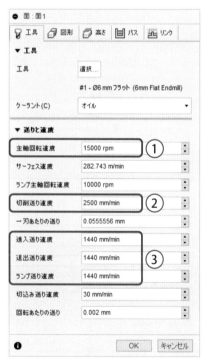

[パス]タブで「切削ピッチ」を「5 mm」に変更し、[OK]で確定します。

両面加工をする場合、ストックが一定の厚みになるように面出ししておくことで、両面を削った際のズレを無くすことができます。

2.6 粗取りのツールパスをつくろう

[3D] - [負荷制御]で粗取りのツールパスを作成します。[工具]タブの「工具」で工具を選択します。

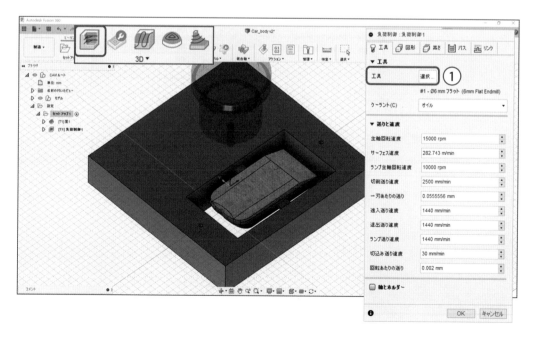

右側のフィルタから「ツールカテゴリ」-「ミーリング」、「タイプ」-「ボール エンドミル」を選択します。

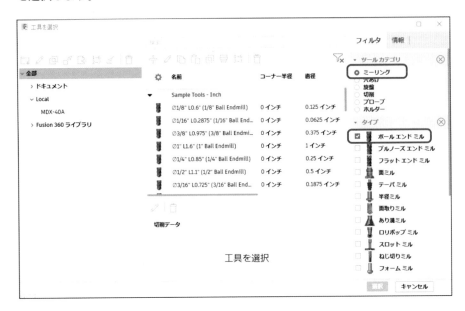

「直径」を開き、「選択」-「等しい」を選択します。

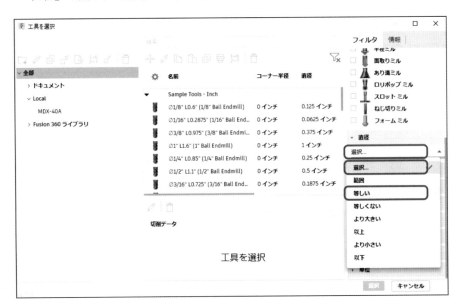

表示された寸法フィールドに「6mm」と入力し、工具を抽出します。

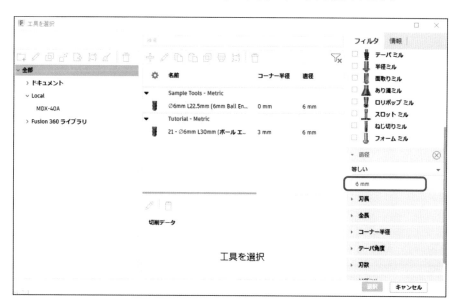

工具リストから、一番上の「∅6mmL22.5mm」を選択し、[選択]を選択します。

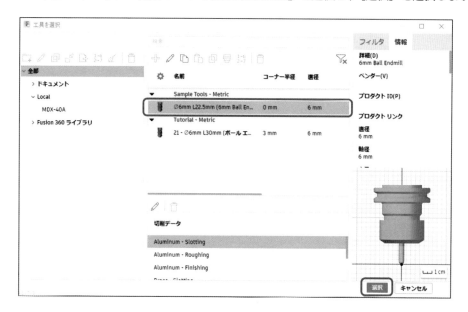

切削条件を設定します。「主軸回転速度」に「15,000 rpm」、「切削送り速度」に「1,500 mm/min」を入力します。

「進入送り速度」、「退出送り速度」、「ランプ送り速度」が「1,440 mm/min」になっていることを確認します。

［形状］タブで「加工境界」を「選択」に設定し、「加工境界選択」で内側の枠のエッジを選択します。

「工具制限境界」を「工具内側境界」に設定します。

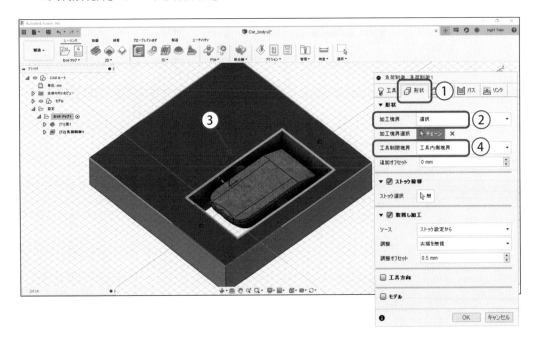

　［高さ］タブで「ボトム高さ」を「選択」に設定し、以下のエッジを選択します。「オフセット」を「−3.5 mm」に設定します。

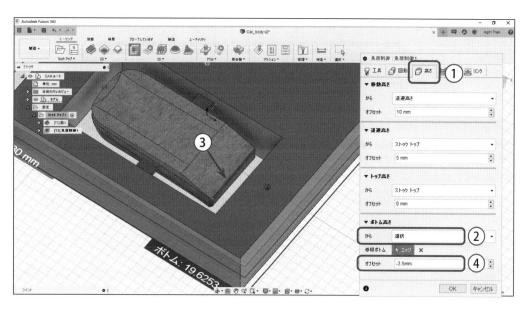

ボディ裏面の斜面は、表側から加工することはできません。そのため、この斜面が仕上がるように加工範囲を決定しています。
使用しているボールエンドミルは工具半径 3 mm のため、選択したエッジから 3 mm 深く加工する必要があり、更に設定されている仕上げ代が 0.5 mm となっているため、−3.5 mm と設定しています。

　［パス］タブで「最適負荷」を「2.4 mm」、「最大粗取り切込みピッチ」を「3 mm」に設定し、［OK］で確定します。

ツールパスが作成されました。

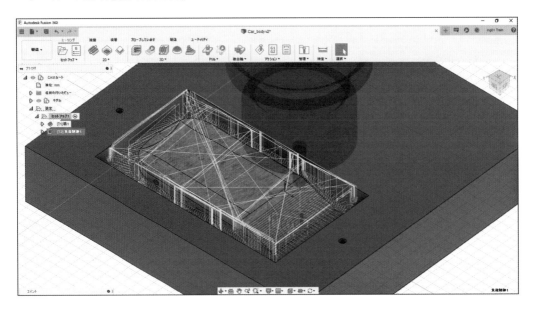

2.7 仕上げのツールパスをつくろう

　[3D] - [等高線] で、仕上げのツールパスを作成します。工具は直前に使用したものが自動選択されており、今回は同じ工具を使うため選択は不要です。

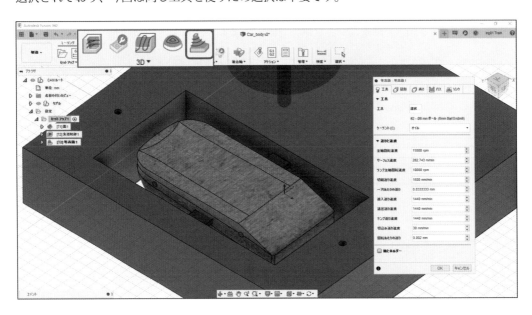

［形状］タブで「加工境界」を「選択」に設定し、「加工境界選択」で内側の枠のエッジを選択します。

「工具制限境界」を「工具内側境界」に設定し、「追加オフセット」で「1.2 mm」を設定します。

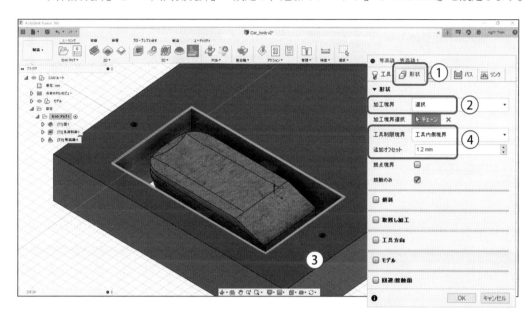

今回は、［負荷制御］による粗取りの段階で内枠に 0.5 mm の取り残しがあります。仕上げの等高線のツールパスが取り残し箇所に触れないように、加工境界を内側に追加で 1.2 mm オフセットした位置を加工範囲として設定しています。

［高さ］タブで「ボトム高さ」を「選択」に設定し、以下のエッジを選択します。「オフセット」を「–3 mm」に設定します。

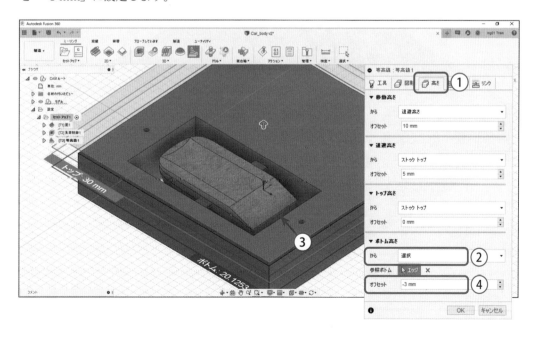

［パス］タブで「最大切込みピッチ」を「0.2 mm」
に設定し、［OK］で確定します。

ツールパスが作成されました。

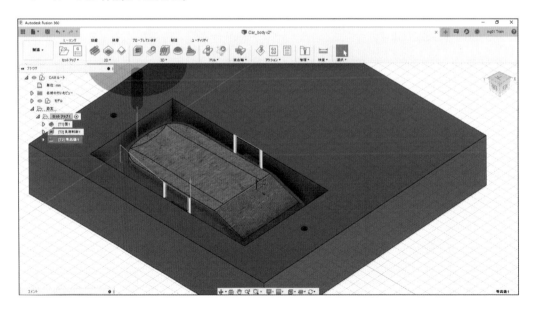

2.8 位置決め用の穴加工のツールパスをつくろう

［検査］-［計測］で穴の側面フェイスを選択し、穴の直径を確認します。

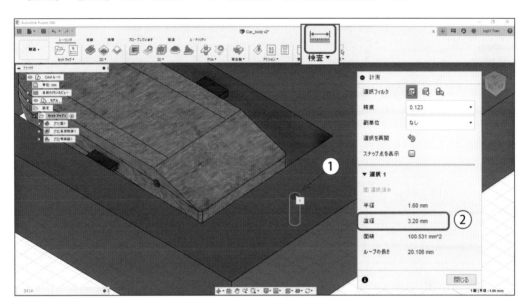

　［2D］-［ボア］で、穴加工のツールパスを作成します。［工具］タブの「工具」で工具を交換します。

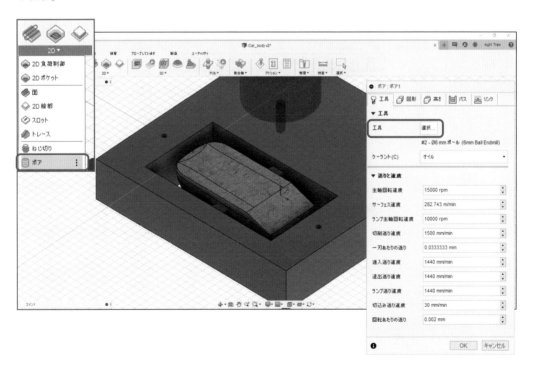

上部の「検索」に「MDX」と入力します。

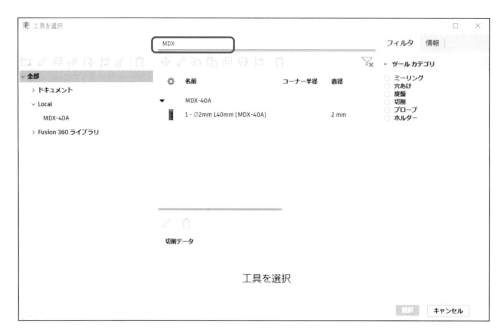

工具リストから、一番上の「∅ 2 mm L40mm (MDX-40A)」を選択し、[選択] を選択します。

［形状］タブで穴を2つ選択します。

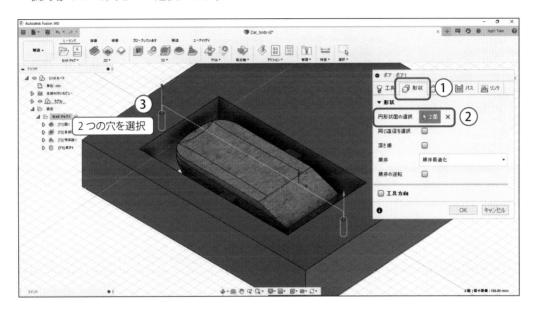

［パス］タブで「ピッチ」を「0.5 mm」に設定し、［OK］で確定します。

［表示設定］-［表示スタイル］-［ワイヤフレーム］でワイヤフレーム表示にして、ツールパスを確認します。

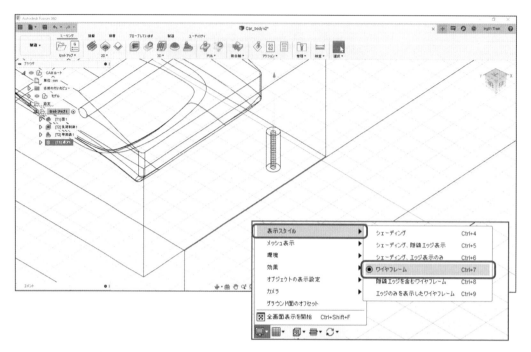

 ツールパスを確認するには、ワイヤフレーム表示が見やすいです。

 ［ボア］コマンドの「補正タイプ」は、設定を変更すると工具半径分食い込むツールパスになる可能性があります。径補正を使用する場合には機械側の設定が同時に必要になりますのでご注意ください。

［表示設定］-［表示スタイル］-［シェーディング、エッジ表示のみ］で表示を元のシェーディング表示に戻します。

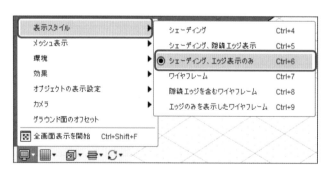

2.9 ツールパスを NC データに変換しよう

ブラウザで「[T1] 面 1」を選択し、[アクション] - [ポスト処理] で NC データに変換します。

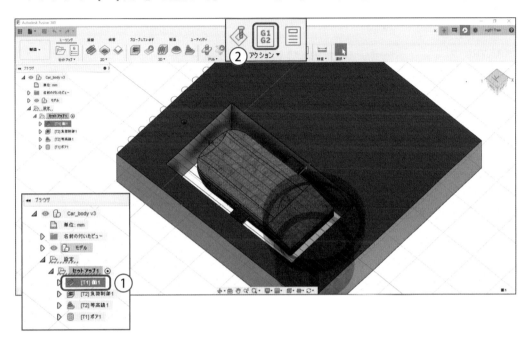

ドロップダウンリストから、「Roland ISO/ roland iso」を選択し、[ポスト] を選択します。

　Macの場合、以下のようなダイアログボックスが表示されます。「ポスト プロセッサ」のドロップダウンリストから、「Roland ISO」を選択し、[OK] で確定します。

「ポスト コンフィグ」、Macの場合「ポスト プロセッサ」のドロップダウンに表示されるのが、標準で Fusion 360 にインストールされているポストプロセッサです。「Roland ISO」はローランド ディー．ジー．株式会社の機械用の標準ポストプロセッサです。
ポストプロセッサは、使用する工作機械に合わせたものを選択する必要があります。

　任意のフォルダに任意の名前で保存します。

Macを使用している場合、拡張子が付加されない場合がありますので、「.nc」をつけてください。

　ブラウザで Ctrl キー（Mac は ⌘ キー）または Shift キーを使って、「[T2] 負荷制御 1」と「[T2] 等高線 1」のオペレーションを選択し、［アクション］-［ポスト処理］を選択します。

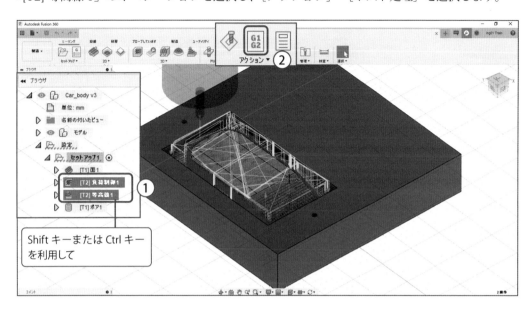

　［ポスト］を選択します。

Macの場合、［OK］を選択します。

任意のフォルダに任意の名前で保存します。

「[T1] ボア 1」を選択し、[アクション] - [ポスト処理] で NC データに変換します。

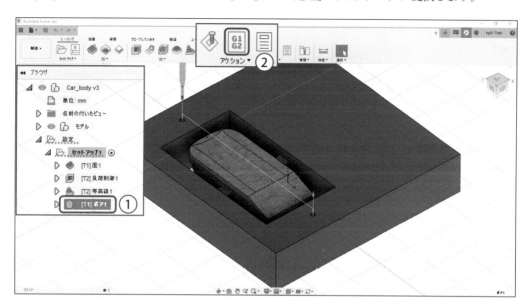

[ポスト] を選択します。

Mac の場合、[OK] を選択します。

任意のフォルダに任意の名前で保存します。

2.10 段取り替えをしてみよう

加工が完了したら、スクレーパーを使って材料を捨て板から外します。外した後には、両面テープはきれいに外しておきます。

ワンポイントアドバイス

両面テープがしっかりとくっついている場合、材料を取るのに力が必要な場合があります。スクレーパーでけがをしないように注意して作業をしてください。

2.11 捨て板にあける位置決め用の穴のツールパスをつくろう

［設定］-［設定］で、捨て板側にあける位置決め穴のツールパスを作成する準備を行います。裏返した上面が +Z 方向となるように、方向を変えます。

「方向」で「Z 軸 / 平面、X 軸を選択」を選択し、「Z 軸」で形状の上面を選択します。

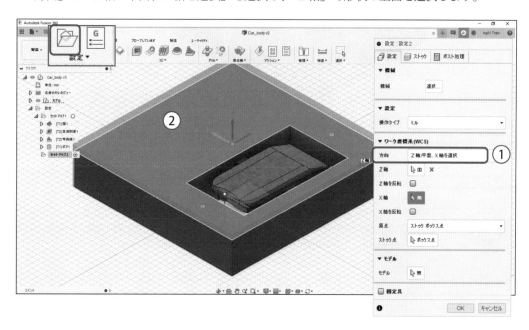

「X 軸」で以下のエッジを選択します。

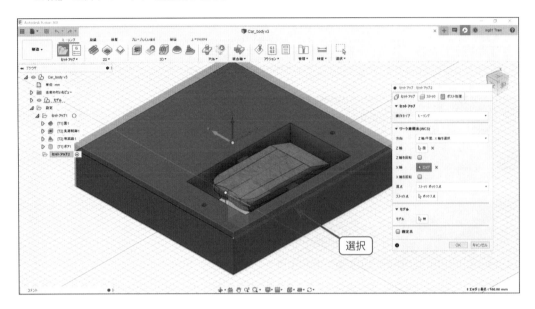

「ストック点」の「ボックス点」を選択し、真ん中の一番上の以下の点を選択します。

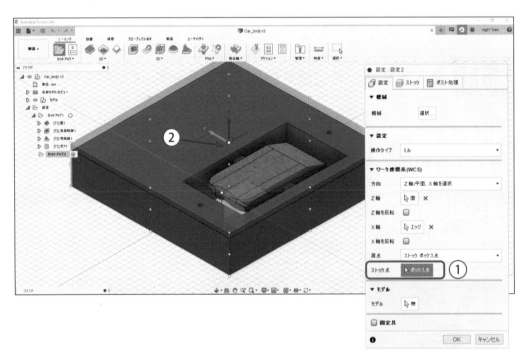

機械側で設定しているワーク座標系(加工原点)は、捨て板の上面が Z0 の位置です。今回は、Fusion 360 上のワーク座標系（加工原点）を上面に設定することで、Z0 の高さから下に彫り込む穴加工のツールパスを作成し、捨て板に穴をあける事ができます。

「モデル」で2つのボディを選択します。

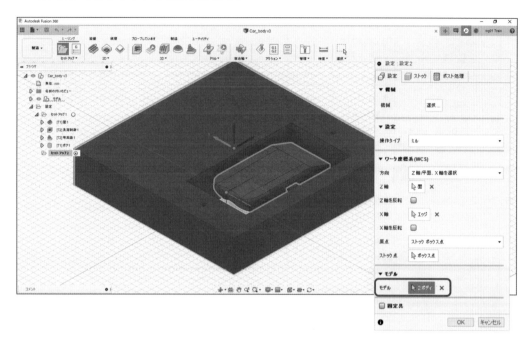

「ストック」タブで、「ストック サイド オフセット」を「0 mm」、「ストック トップ オフセット」を「0 mm」に設定し、[OK]で確定します。

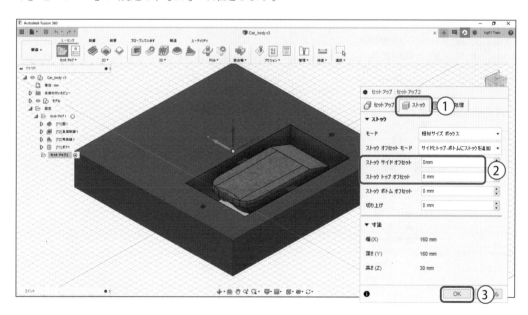

ブラウザで「[T1] ボア 1」のオペレーションを右クリックし、[コピー] を選択します。

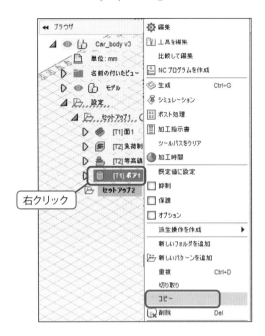

ブラウザで「設定 2」を右クリックし、[貼り付け] を選択します。

ブラウザで「設定2」を開き、「ボア1（2）」を右クリックし、[生成]を選択します。

　[生成]は、ツールパスを再演算するコマンドです。ツールパスをコピーしたり、形状が設計変更で変わったり、ワーク座標系（加工原点）を変更した場合には、オペレーションに赤い「！」マークが出るため、[生成]で再計算する必要があります。

　ツールパスのコピーは、ツールパスの設定をコピーする機能です。[生成]で再計算することで、「設定2」のワーク座標系に基づいて座標が計算されるため、Z0の位置から加工を開始するツールパスに更新されます。

「[T1] ボア1（2）」をクリックし、名前を「ボア1_位置決め穴」に変更します。

　ツールパスの名前を変更すると、何を加工しているかをわかりやすく管理することができます。ただし、「ボア」などのコマンド名を消してしまうと、どんな種類のツールパスなのかをアイコンのみで確認する必要がありますので注意してください。

　捨て板に位置決め穴をあける際は、捨て板に十分な厚みがあるかを計測し、確認しておいてください。捨て板は面出しするごとに薄くなるため、位置決め穴が捨て板を貫通してテーブルを傷つけないように注意してください。

2.12 位置決め用の穴を加工しよう

「[T1] ボア 1_ 位置決め穴」を選択し、[アクション] - [ポスト処理] で NC データに変換します。

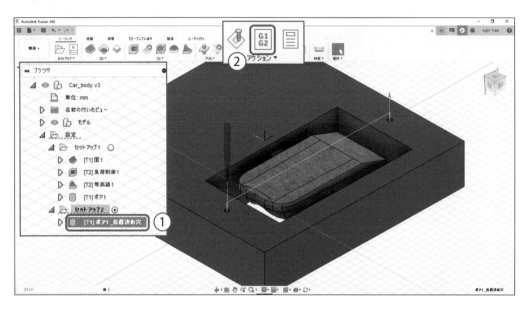

[ポスト]を選択します。

Mac の場合、[OK] を選択します。

任意のフォルダに任意の名前で保存します。

位置決め用の穴の NC データを実行し、捨て板に位置決め穴をあけます。

位置決めピンは、ノックピン／平行ピン／ダウエルピンなどの呼び名で販売されています。精度よく作られており、位置をぴったりと合わせるための専用のピンです。今回は∅3の位置決めピンを使用しました。

　加工した裏面側に両面テープを付け、固定の準備をします。位置決めピンに合わせて材料をセットします。

位置決めピン

同じ形状を表裏加工する場合には、途中でXYの原点を変更すると、ずれた加工になってしまいます。絶対にXY原点を変更しないように注意してください。

2.13 オモテ面加工用の加工準備

　以下のような方向から見た画面に回転します。

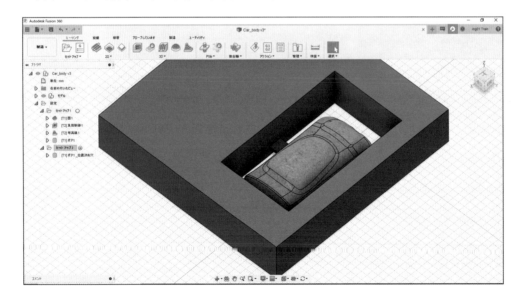

両面加工を行う際は、はじめに加工した面でのワーク座標系（加工原点）の位置と加工対象の相対距離と、ひっくり返した際の加工原点と加工対象の相対距離が一致している必要があります。今回の場合、横向きに回転してください。

［設定］-［設定］で、オモテ面加工用の加工準備を行います。

「方向」で「Z軸/平面、X軸を選択」を選択し、形状の上面を選択します。

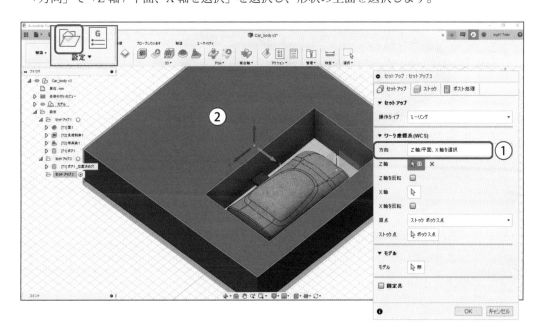

「X軸」で以下のエッジを選択します。

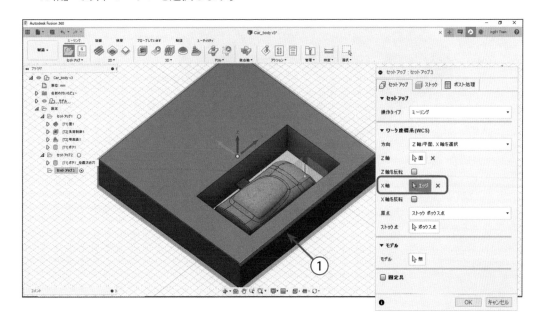

「ストック点」の「ボックス点」を選択し、真ん中の一番下の以下の点を選択します。

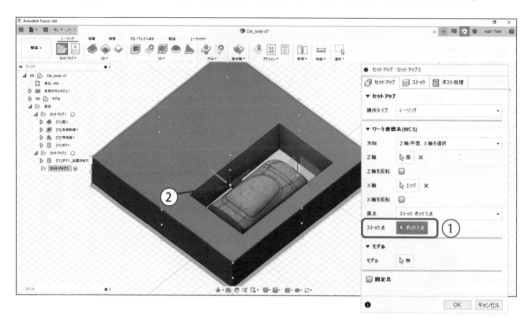

「モデル」で2つのボディを選択します。

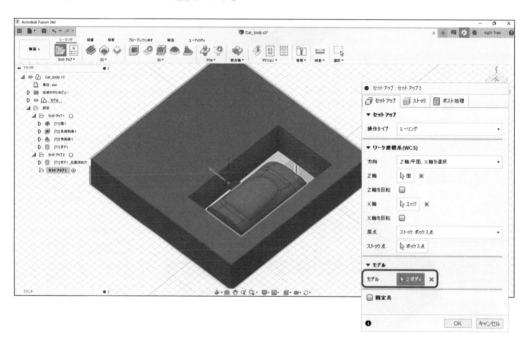

　「ストック」タブで、「ストック サイド オフセット」を「0 mm」、「ストック トップ オフセット」を「0 mm」に設定し、[OK] で確定します。

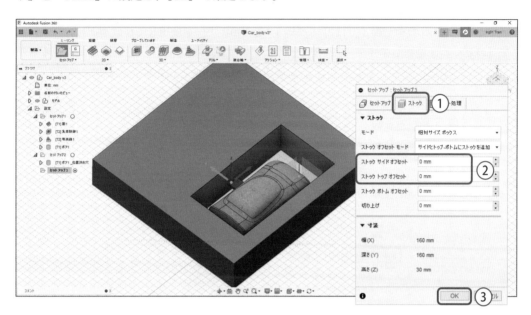

 これから作成するツールパスは、作成した「設定 3」の中に格納されます。設定の横の丸いボタン [有効化] で、これから作成するツールパスをどの設定に対して作成するかを設定することができます。

「設定 1」の裏面の加工にツールパスを追加したい場合、「設定 1」の [有効化] を選択します。

2.14 オモテ面加工のツールパスをつくろう

　ブラウザで「[T2] 負荷制御 1」「[T2] 等高線 1」を、Shift キーを使用して複数選択し、右クリックで［コピー］を選択します。「設定 3」を右クリックし、［貼り付け］を選択します。オモテ面の加工で使用したツールパスを利用し、裏側用のツールパスとして利用します。

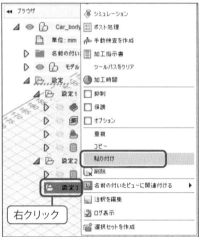

　「設定 3」の左側の三角マークをクリックして展開、Shift キーまたは Ctrl キー（Mac は ⌘キー）を使用して 2 つのオペレーションを複数選択し、右クリックし［生成］でツールパスの計算を行います。

［生成］は、ツールパスを再演算するコマンドです。ツールパスをコピーしたり、形状が設計変更で変わったり、加工原点を変更した場合には、オペレーションに赤い「！」マークが出るため、［生成］で再計算する必要があります。

ツールパスのコピーと並べ替え

通常、「コピー」と言うと全く同じものが新しく作成されることを想像しますが、CAM の中での「ツールパスのコピー」は少し意味合いが違います。ツールパスをコピーすると、ツールパスのダイアログで設定した数値がそのままコピーされます。

ツールパスの計算は、この設定値に基づいて、①加工対象を輪切りにするイメージで断面の計算を行い、②その断面を加工するために通過すべき経路を計算し、③「設定」で定義してあるワーク座標系を基にして経路の座標値情報を計算して出力しています。

今回、2 つのツールパスをコピーして［生成］で再計算していますが、この再計算のタイミングで、改めて加工対象の形状や設定の情報を基に計算し直しています。

そのため、「取残し加工」のような、前のツールパスを考慮して計算する設定を入れていると、前のツールパスに変更があると、取残し加工をしているツールパスに赤い「！」が表示され、再計算が促されます。

また、ツールパスの加工の順番を並び替えることができます。ツールパスをドラッグし、細いバーが表示される箇所でドロップすると、順番が並び替わります。

この操作をする場合、加工の順番によっては［高さ］タブで設定した退避高さでは干渉する可能性もありますので注意してください。

2.15 シミュレーションで干渉チェックをしよう

「設定1」と「設定3」の「負荷制御」と「等高線」のツールパスを、Ctrl キー（Mac は ⌘キー）を使用して選択し、［アクション］-［シミュレーション］でシミュレーションを行います。

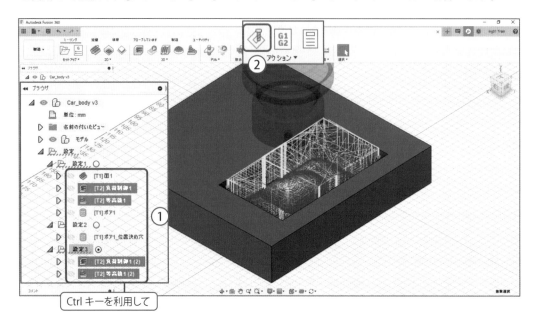

Ctrl キーを利用して

「ツールパス」のチェックを OFF、「ストック」のチェックを ON にして「カラライゼーション」を「材質 (M)」に、「材質 (M)」を「セラミック」に変更し、「ツールパスの末尾に移動」を選択します。

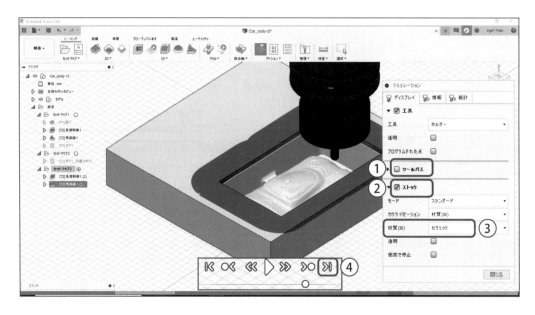

「ツールパスの末尾に移動」を選択すると、削り上がりの計算が始まります。ツールパスが長いほど、計算結果が表示されるまでに時間がかかります。計算中は画面最下部の赤いバーが右側に移動し、右端に到達すると計算が終了します。残り時間の参考にしてください。

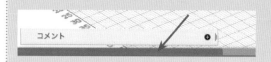

計算が完了後、画面最下部のバーを確認すると、赤くなっている箇所があるのがわかります。バーの色は、各ツールパスオペレーションごとで分かれています。

　赤い箇所にマウスオーバーすると、何が干渉しているのかを確認できます。今回は負荷制御のツールパスで「ホルダーがストックに衝突」と書いてあるため、工具のホルダーとストック（材料）がぶつかっています。

　赤い箇所をクリックすると、干渉する位置が表示されます。

　確認ができたら、［閉じる］でシミュレーションを終了します。

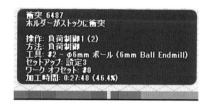

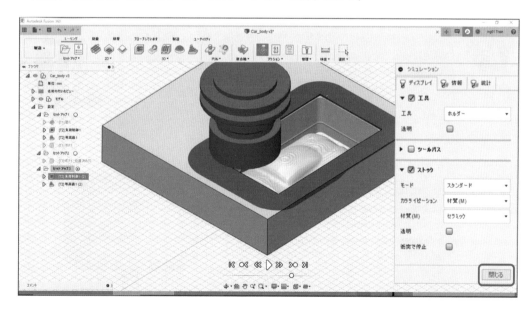

2.16 干渉を回避しよう

「[T2] 負荷制御 1 (2)」のツールパスを右クリックで［編集］し、「工具」タブの「軸とホルダー
モード」を「工具長を検出」に設定し、［OK］で確定します。

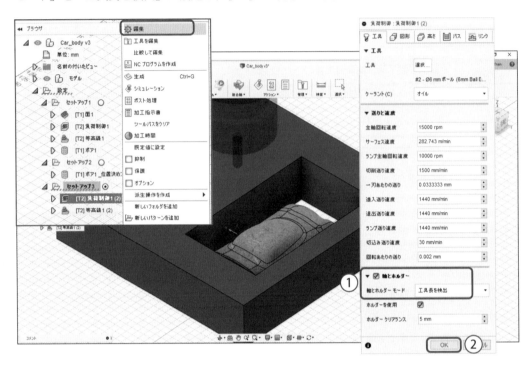

「軸とホルダー モード」の設定で、干渉せずに加工できる工具長を自
動的に検出できます。このドキュメント内に保存された使用工具の
突き出し長さ（ボディ長さ）が自動的に必要な長さに変更されます。

工具長を検出

「ホルダー クリアランス」は、現在のホル
ダーに対し、何 mm のクリアランスを干
渉領域としてみなすかを設定する項目で
す。ホルダーが設定した数値分大きくなっ
たと仮定して、干渉しないように突き出し
長さが変更されます。

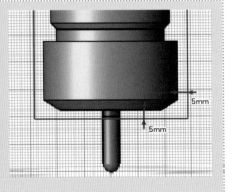

表示される警告を確認します。ブラウザの「[T2] 負荷制御1（2）」の、黄色の「！」マークを選択します。

同じ工具を使っている他のツールパスも、再計算の必要があるため赤い「！」マークが表示されています。

「メッセージ ログ」を確認します。工具長が変更されたことへの注意喚起であることがわかります。確認できたら右下の［閉じる］でダイアログを閉じます。

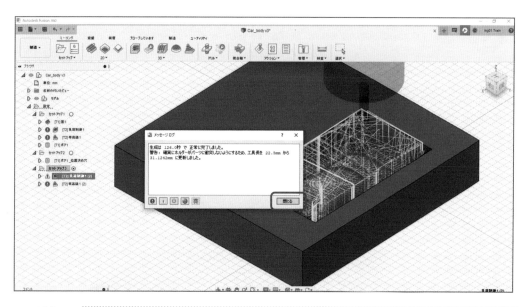

黄色の「！」マークは警告です。今回のように、システムが自動的に値を変更した際や、ツールパスが一部生成されていない場合などに表示されます。

　ブラウザから Ctrl キー（Mac は ⌘キー）を使用して、赤色の「!」と黄色の「!」の出ている4工程を選択し、右クリック、［生成］で再計算します。

　ダイアログボックスは、［はい］を選択し、再計算を行います。

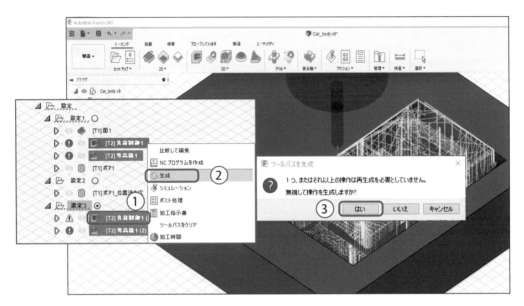

「[T2] 負荷制御1（2）」のツールパスは計算済みのため、本来再生成の必要はありません。再生成の必要がないツールパスを再生成すると、ダイアログボックスが表示されます。今回は、再生成することで、警告のアイコンがなくなります。

　計算が終わったら、再度シミュレーションを行います。

　「設定1」と「設定3」の「負荷制御」と「等高線」のツールパスを、Ctrl キー（Mac は ⌘キー）を使用して選択し、［アクション］-［シミュレーション］でシミュレーションを行います。

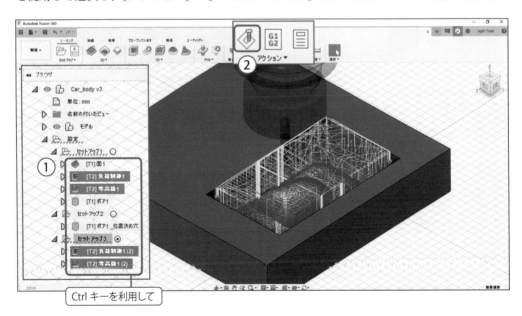

「ツールパス」のチェックを OFF、「ストック」のチェックを ON にして、「カラライゼーション」を「材質 (M)」に、「材質 (M)」を「セラミック」に変更し、「ツールパスの末尾に移動」を選択します。

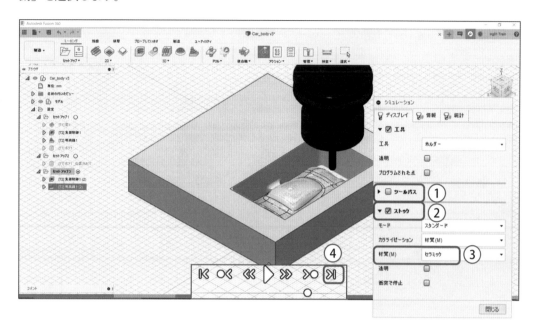

画面最下部のバーを確認し、干渉がなくなったのを確認します。

2.17 緩斜面を仕上げよう

　シミュレーション結果でボディの緩やかな斜面を見ると、仕上がっていないことがわかります。確認ができたら［閉じる］でシミュレーションを終了します。

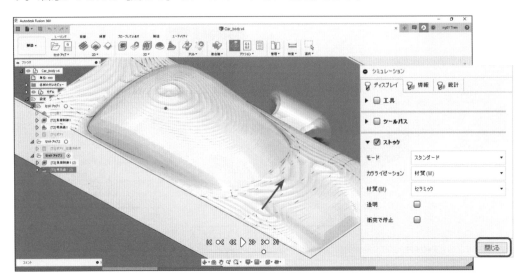

 等高線のツールパスは、Z方向に一定の切り込み量で加工をするため、等高線の地図と同様に急斜面のツールパスは密になり、緩斜面のツールパスは間隔が広くなります。

　緩やかな斜面は別のツールパスで仕上げるため、等高線のツールパスを急斜面のみに作成する設定を行います。

　ブラウザで「[T2] 等高線1（2）」を選択し、右クリック［編集］で編集します。

　［形状］タブの「傾斜」のチェックを入れ、「傾斜開始角度」に「45 deg」を入力し、［OK］で確定します。

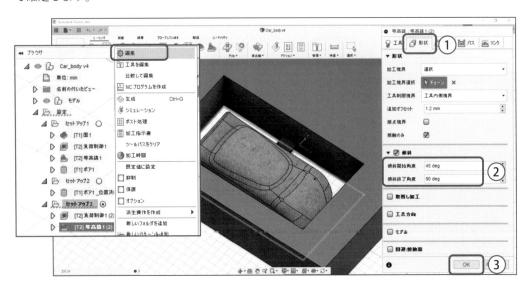

面の角度が 45 度より急な箇所にのみツールパスが作成されました。

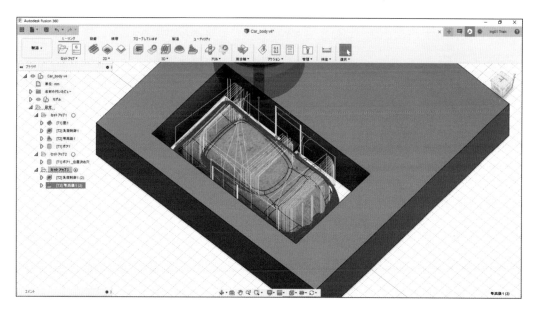

［3D］-［走査線］で、緩斜面にツールパスを作成します。「工具」が「∅ 6 mm ボール」になっていることを確認します。

［形状］タブの「傾斜」にチェックを入れ、「傾斜終了角度」を「70 deg」、「モデル」にチェックを入れボディ全体を選択し、「セットアップ モデルを含める」のチェックを外します。

ワンポイントアドバイス
等高線で設定した傾斜角度にオーバーラップさせることで、角度の境界付近の境目が目立たなくなります。

> 「モデル」の設定で、加工する対象を追加することが出来ます。今回は、タブや枠部分を加工する必要はないため、「セットアップ モデルを含める」のチェックを外し、ボディのみを加工する設定にしています。タブや枠は存在しないものとして計算されます。

　[パス] タブで「切削ピッチ」に「0.2 mm」を入力し、[OK] で確定します。

　すべての設定を Ctrl キー（Mac は ⌘ キー）を押しながら選択し、[アクション]-[シミュレーション] でシミュレーションします。

　緩斜面もきれいに仕上がっているのを確認します。

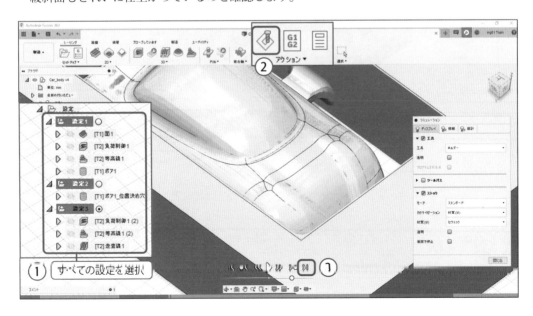

「設定」を選択すると、設定に含まれるツールパスが全て選択されている事になります。

［走査線］のツールパスは、急斜面では急激な上下動作になるため、工具に負荷がかかりやすいです。等高線と走査線を組み合わせて加工することで、工具に負荷をかけない加工ができます。

2.18 ツールパスを NC データに変換しよう

　ブラウザで Ctrl キー（Mac は ⌘キー）または Shift キーを使って、「[T2] 負荷制御 1（2）」と「[T2] 等高線 1（2）」と「[T2] 走査線 1」のオペレーションを選択し、［アクション］-［ポスト処理］を選択します。

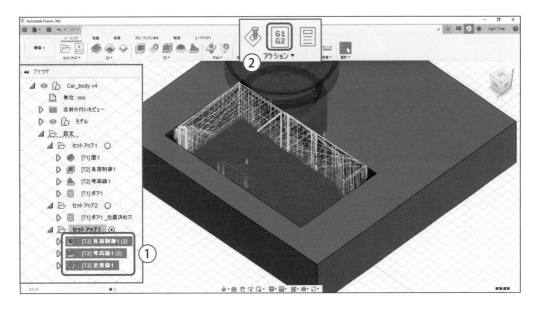

［ポスト］を選択します。

Mac の場合、［OK］を選択します。

任意のフォルダに任意の名前で保存します。

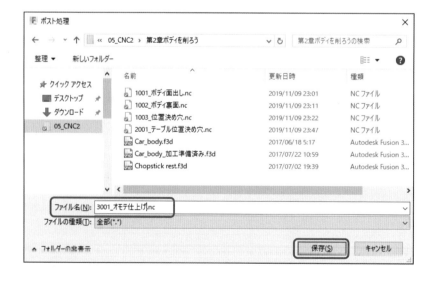

作成した NC データを使用して加工します。両面加工が完了しました。

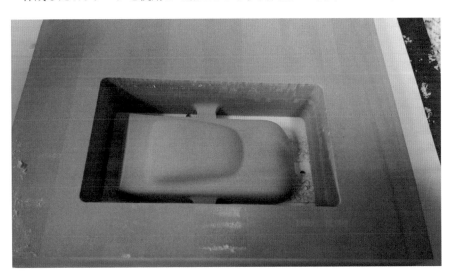

2.19　枠から外して仕上げよう

　タブを、ペンチなどを利用して外します。

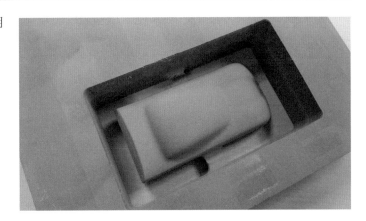

　正確な位置決めを行ったため、裏面の加工とオモテ面の加工の段差が目立たなく作成できました。

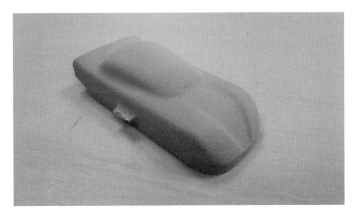

ヤスリなどを利用してタブ
部分を仕上げます。

2.20 側面加工するための治具をつくろう

　横からシャフトを通すための穴と、文字を掘り
ます。両面加工が終わったボディ形状は、全体的
に曲面となっているため、横向きにセッティング
しようとしても、両面テープの接着面が少ないた
め固定できない、ワーク座標系（加工原点）を正
しい位置にセットすることができないという問題
が発生します。

　そこで、今回は側面加工をするための加工用治
具を作成し、その治具にボディ形状をセットして
側面からの加工を行います。

　Ctrl キー（Mac は ⌘キー）を使用してすべて
の設定を選択し、[保護] を選択します。

[保護] は編集を禁止する機能です。[保護] したツー
ルパスは、鍵のアイコンが表示されます。

これから、治具を作成するために［デザイン作業スペース］で編集を行います。［デザイン作業スペース］で作業をするということは、編集内容によっては現在のツールパスが正しいという保証がなくなります。そのため、変更後に［製造作業スペース］に戻ると赤い「！」マークが表示され、再計算が必要となります。
今回は側面方向のツールパスを作成するための編集作業なので、今まで作成したツールパスに変更はないことは確定していますので、ツールパスを［保護］しておきます。［保護］したツールパスは、［デザイン作業スペース］で編集を行っても赤い「！」マークが表示されなくなります。ただし、製品形状を変更した場合にも赤い「！」マークが表示されませんので、形状とツールパスに整合性が保たれているかを注意して作業してください。

作業スペースを「デザイン」に変更します。

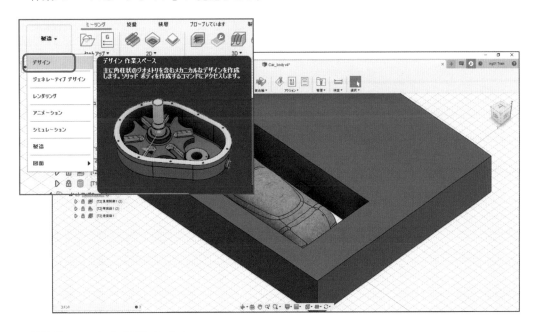

「ボディ1」を非表示にします。

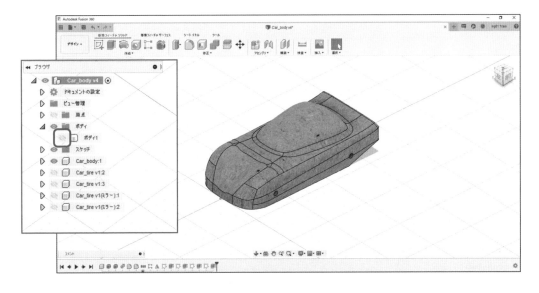

［スケッチを作成］で、横向きの XZ 平面を選択します。

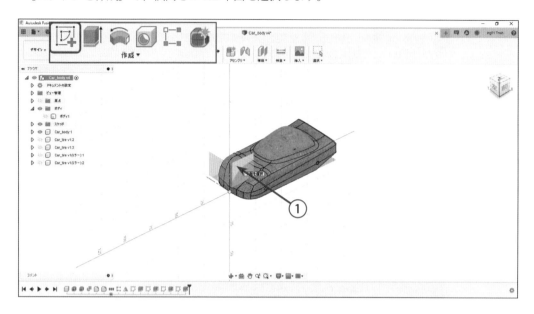

［作成］-［長方形］-［2 点指定の長方形］で、以下の 2 点を指定して長方形を作成します。

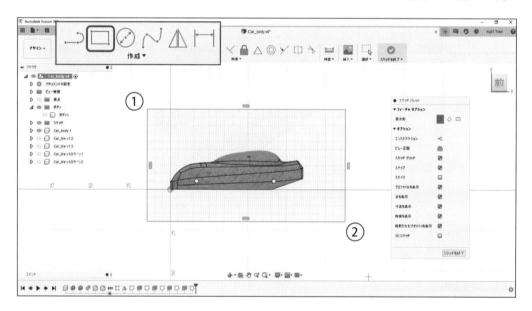

　[作成]-[スケッチ寸法]で、縦「50 mm」横「130 mm」、原点からの縦方向の距離「15 mm」、原点からの横方向の距離「20 mm」の寸法を作成します。

　[スケッチを終了]でスケッチを終了します。

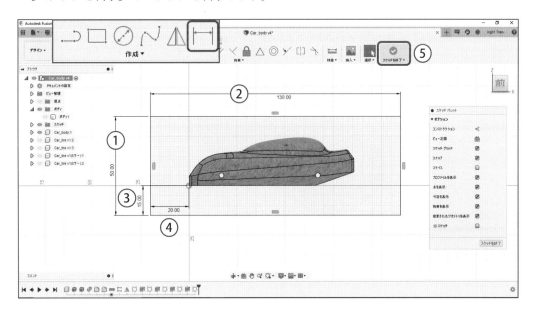

　[作成]-[押し出し]で「30 mm」押し出します。「操作」を「新規ボディ」に設定し、[OK]で確定します。

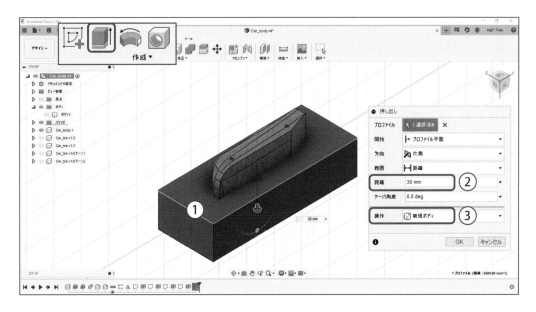

［スケッチを作成］で、作成した形状の上面を選択します。

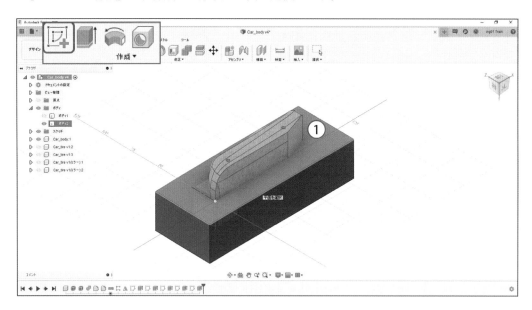

［プロジェクト／含める］-［プロジェクト］で、「選択フィルタ」を「ボディ」に変更し、車のボディ形状を選択し、［OK］で確定します。

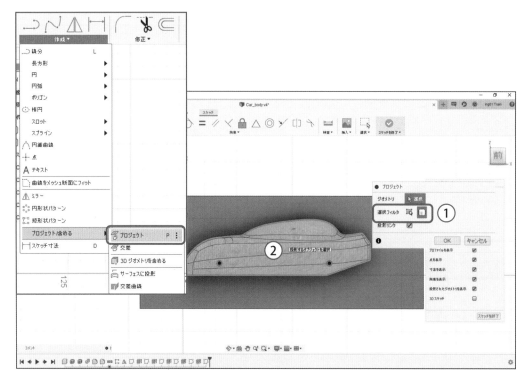

　「選択フィルタ」を「ボディ」に設定してプロジェクトすると、形状の最大外形をスケッチとして抽出することができます。

［修正］‐［オフセット］で、プロジェクトしたスケッチを選択し、外側に「0.1 mm」オフセットします。

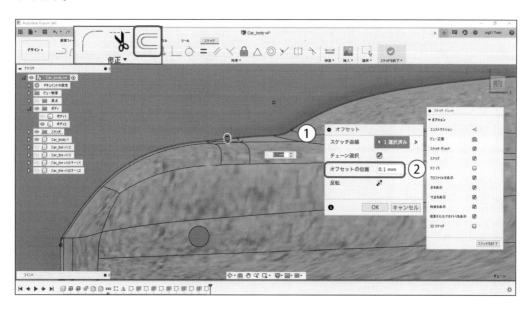

内側のプロジェクトした線をダブルクリックし、［コンストラクション］でコンストラクション線に変更します。

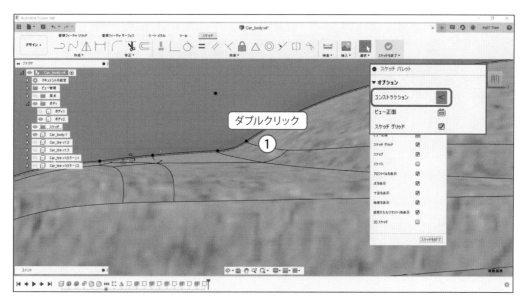

 スケッチ線をダブルクリックすると、繋がった線がすべて選択されます。

　ブラウザで「Car_body」を非表示にし、[作成] - [長方形] - [2点指定の長方形]で以下のような長方形を作成します。

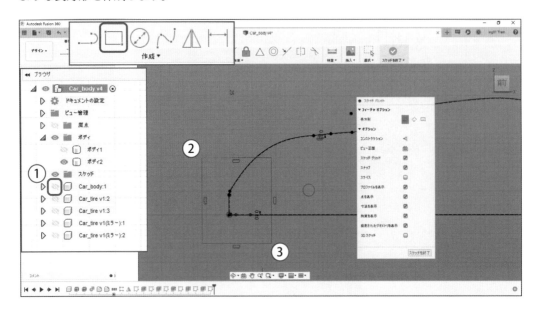

　同様に、以下のような長方形を作成します。

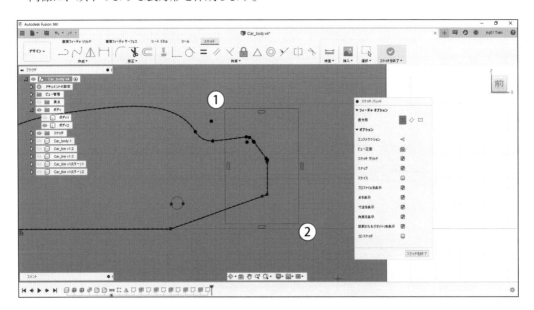

［作成］-［円］-［中心と直径を指定した円］で、以下の位置に「6.5 mm」の円を作成します。
［スケッチを終了］でスケッチを終了します。

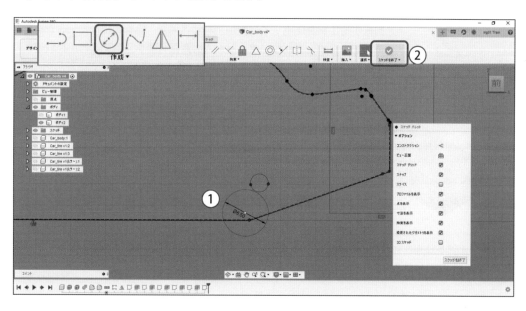

［作成］-［押し出し］で内側のプロファイルを9箇所選択し、「–20 mm」切り取り、［OK］
で確定します。

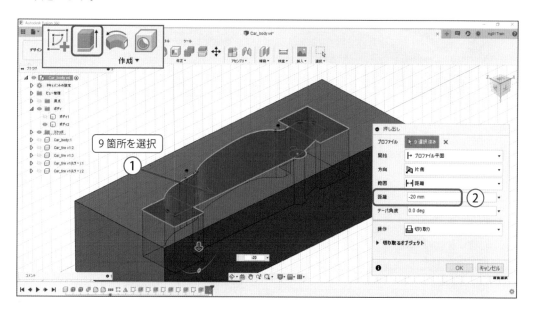

加工のための逃し穴

　回転する工具を使用して切削加工をする場合、物理的に加工できない部分ができます。それが、ポケット穴の角部分です。例えばこの形状を加工する場合、回転工具を使用する限り、角の部分は加工できません。

 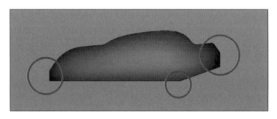

　細い工具を使用すれば近い形にはなりますが、必ず角の部分にはRがついてしまいます。この削り残し部分があると、ボディ形状をはめ込む事ができません。

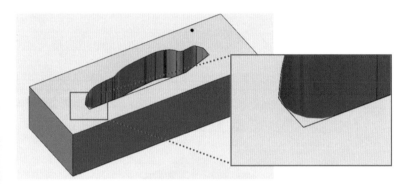

　このような箇所を加工するために、「逃し穴」を作成することがあります。逃し穴は、使用する工具より大きめに作成する必要があります。

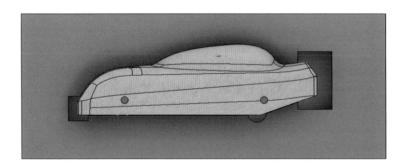

2.21 治具用の加工準備

作業スペースを［製造］に変更します。

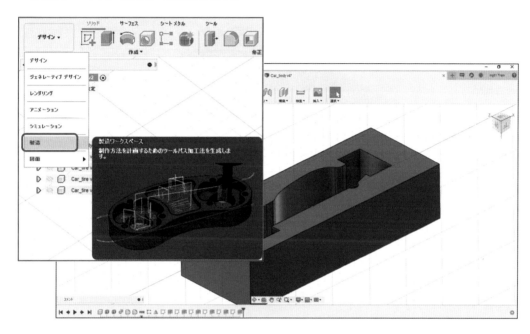

　［設定］-［設定］で、加工のための準備を行います。上面が +Z 方向となるように、方向を変えます。

　「方向」で「Z 軸 / 平面、X 軸を選択」を選択し、「Z 軸」で形状の上面を選択します。

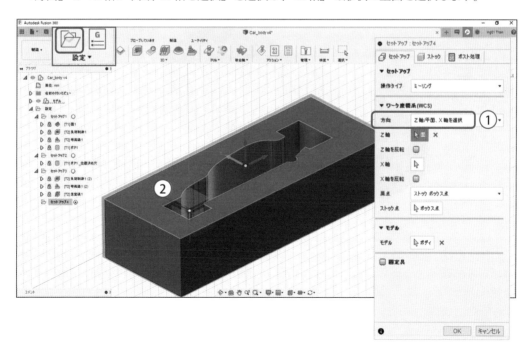

「X 軸」で以下のエッジを選択します。

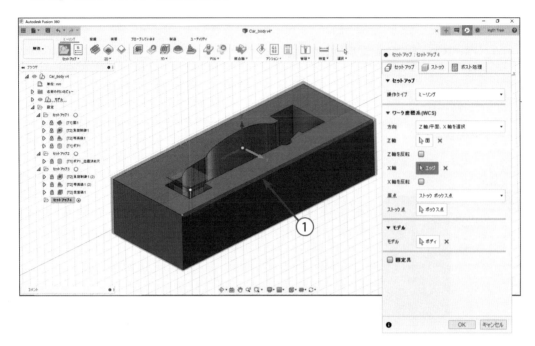

「X 軸を反転」のチェックを入れ、「ストック点」の「ボックス点」を選択し、真ん中の一番下の以下の点を選択します。

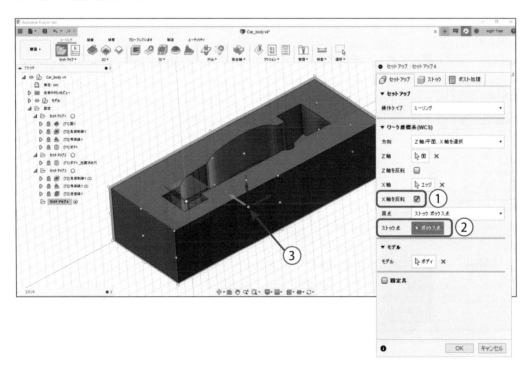

「モデル」でボディを選択します。

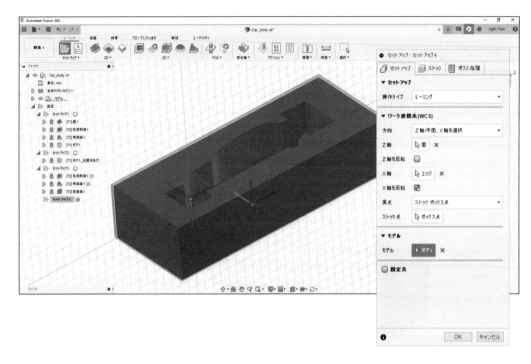

「ストック」タブで、「ストックサイドオフセット」を「0 mm」、「ストックトップオフセット」を「0 mm」に設定し、[OK]で確定します。

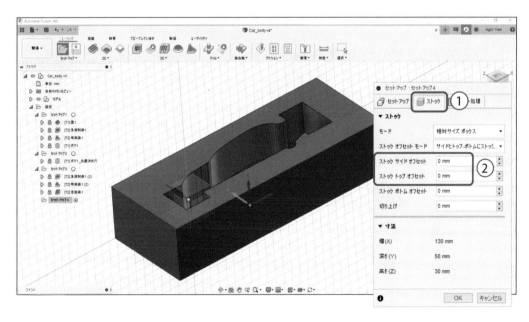

2.22 治具を加工するツールパスをつくろう

［3D］-［負荷制御］で治具を加工するためのツールパスを作成します。［工具］タブの「工具」
で工具を選択します。

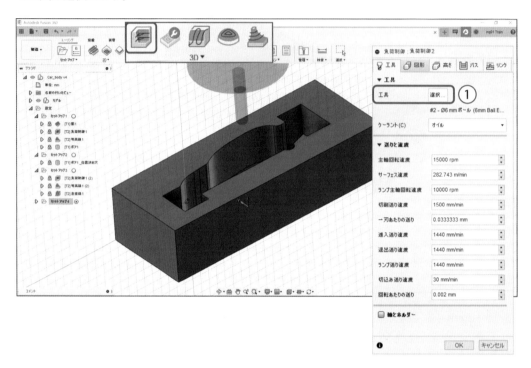

「Car_body」のライブラリから「1 - ∅ 6mm L22.5mm（6mm Flat Endmill）」を選択し、［選
択］を選択します。

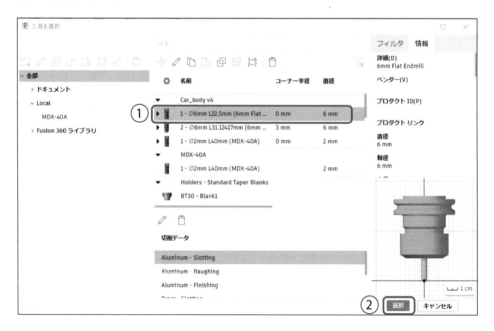

切削条件を設定します。「主軸回転速度」に「12,000 rpm」、「切削送り速度」「進入送り速度」「退出送り速度」、「ランプ送り速度」に「1,200 mm/min」を入力します。

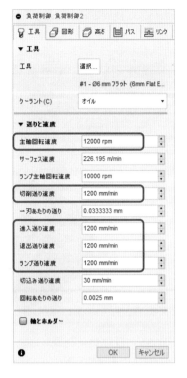

［パス］タブで、「最適負荷」を「2.4 mm」「最大粗取り切込みピッチ」を「4 mm」にし、「仕上げ代」のチェックを外して［OK］で確定します。

ツールパスが作成されました。

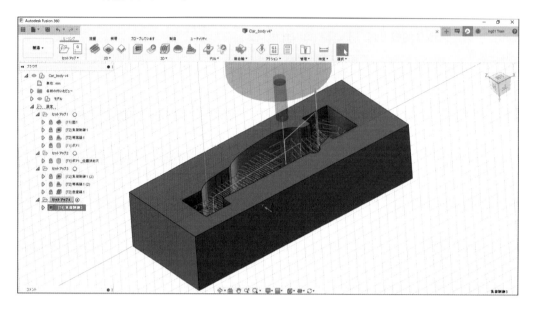

ブラウザで「[T1] 負荷制御 2」を選択し、[アクション] - [シミュレーション] を選択します。
[ツールパスの末尾に移動] で計算を行います。

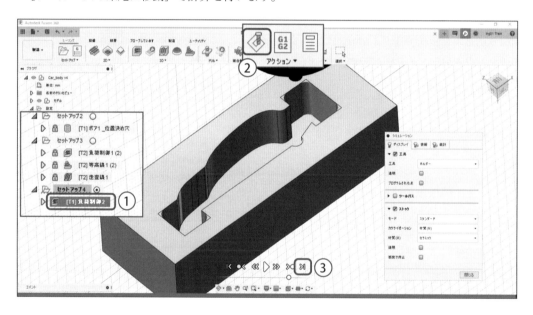

　ブラウザで「Car_body」を表示し、形状が収まることを確認します。確認ができたら［閉じる］でシミュレーションを終了します。

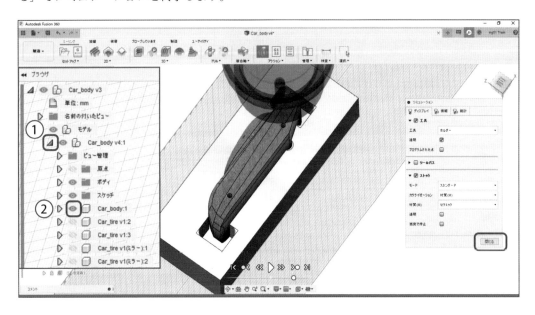

2.23 ツールパスを NC データに変換しよう

　ブラウザで「[T1] 負荷制御 2」のオペレーションを選択し、［アクション］-［ポスト処理］を選択します。

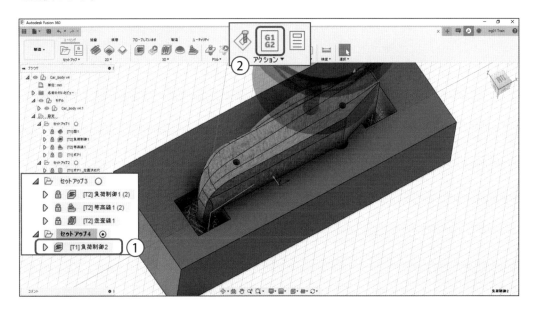

［ポスト］を選択します。

Mac の場合、［OK］を選択します。

任意のフォルダに任意の名前で保存します。

2.24 治具を加工しよう

　VPanel を使用して、CAM 上の「設定」の設定と同じ、中心の一番低い位置をワーク座標系（加工原点）に設定し、加工を開始します。

　治具が加工できました。今回設定しているワーク座標系（加工原点）は、ボディ側面を加工するための加工原点と全く同じであることで、実際の Fusion 360 のモデルと同じ位置に穴あけなどの加工ができます。

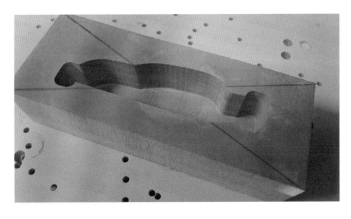

　ボディ形状をはめてみて、ガタつきがないか確認します。

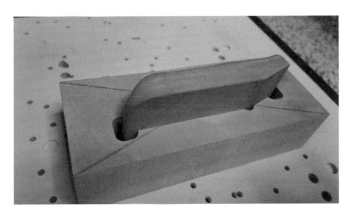

2.25 側面ボディ用の加工準備

［設定］-［設定］で、加工のための準備を行います。

「方向」で「Z軸 / 平面、X軸を選択」を選択し、「Z軸」で治具形状の上面を選択します。

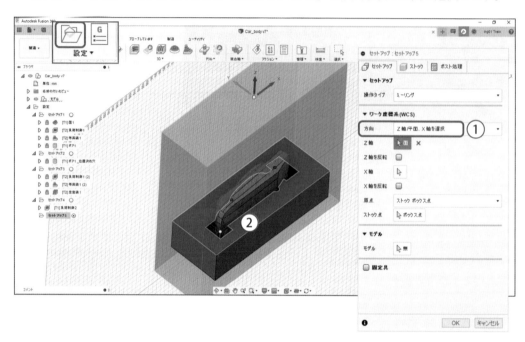

「X軸」で以下のエッジを選択します。

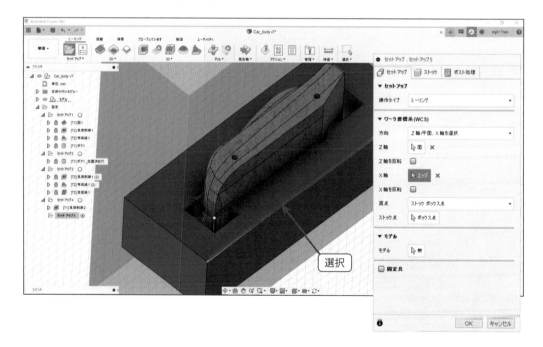

選択

　「X軸を反転」のチェックを入れ、「ストック点」の「ボックス点」を選択し、真ん中の一番下の以下の点を選択します。

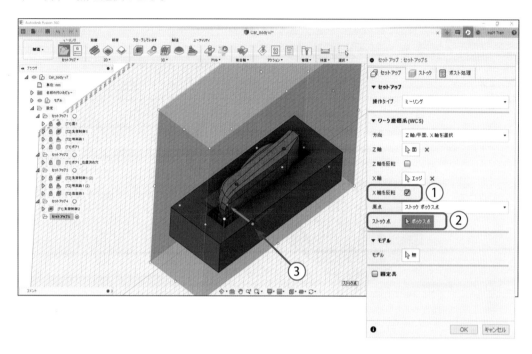

　「ボディ」で2つのボディを選択します。

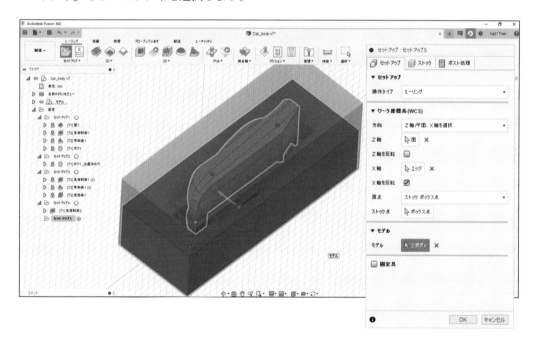

「ストック」タブで、「ストック サイド オフセット」を「0 mm」、「ストック トップ オフセット」を「0 mm」に設定し、［OK］で確定します。

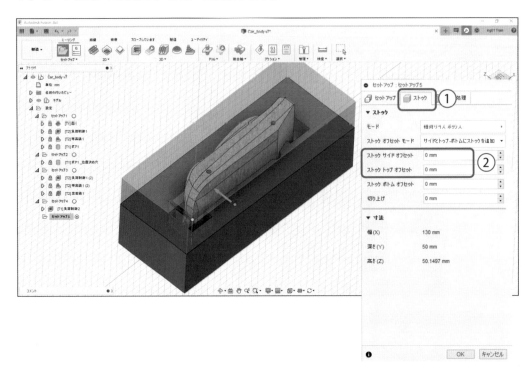

ワーク座標の原点は、必ず治具を加工した位置と同じ位置にしてください。

2.26 ボディにシャフト穴をあけるツールパスをつくろう

　［2D］-［ボア］で、穴加工のツールパスを作成します。［工具］タブの「工具」で工具を交換します。

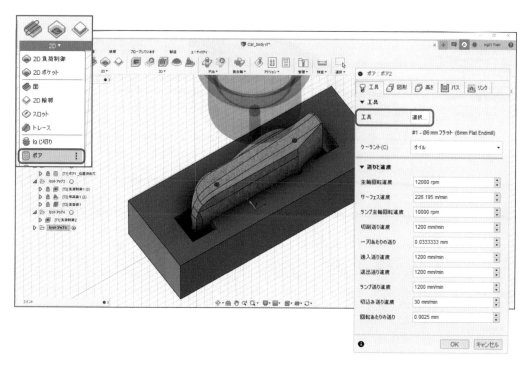

　工具リストから、「1 - ∅ 2mm - L40mm（MDX-40A）」を選択し、［選択］を選択します。

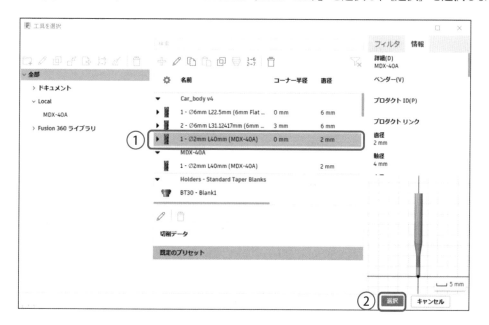

［形状］タブで2箇所の穴を選択します。

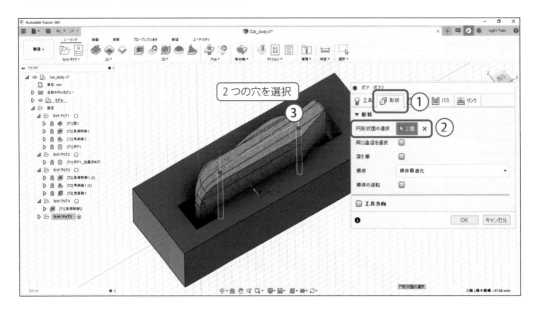

［高さ］タブで、「ボトム高さ」を「穴トップ」、「オフセット」を「−10 mm」に設定します。
［パス］タブで、ピッチを「0.5 mm」に設定し、［OK］で確定します。

ドリル工具でこの形状に貫通穴をあけるには、形状の深さ以上の長さのドリル工具が必要です。Z方向のストロークが不足する可能性があるため、今回は首下長が短い工具を使用して、穴の深さを10 mmに設定して穴をあけました。最後に電動ドリルなどで手動で穴をあけることを想定しています。

ツールパスが作成されました。

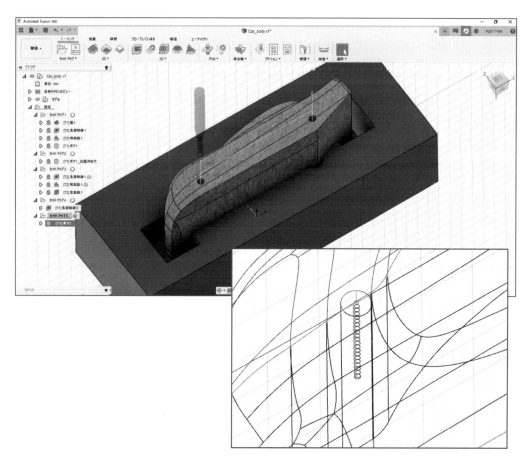

　ブラウザで「[T1] 負荷制御2」と「[T1] ボア2」を Ctrl キー（Mac は ⌘キー）を使用して複数選択し、右クリック［保護］します。

2.27 文字彫りのツールパスをつくろう

作業スペースを［デザイン］に変更します。

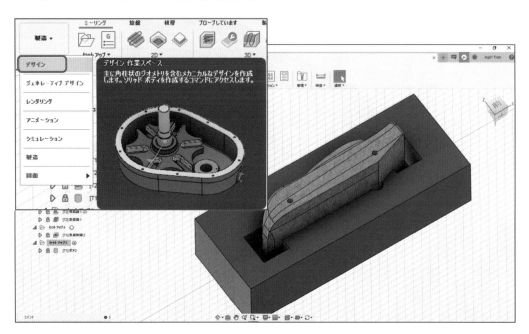

　ブラウザで「Car_body」を表示し、［構築］-［オフセット平面］で形状の上面を選択し、「20mm」オフセットします。

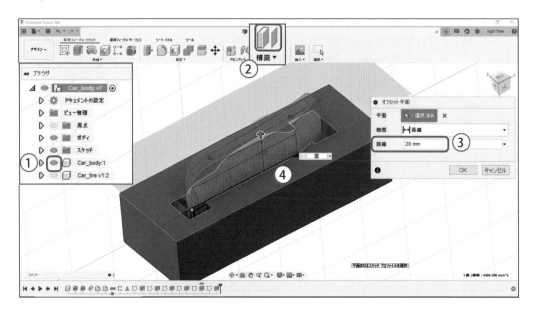

［スケッチを作成］で作成した平面を選択します。

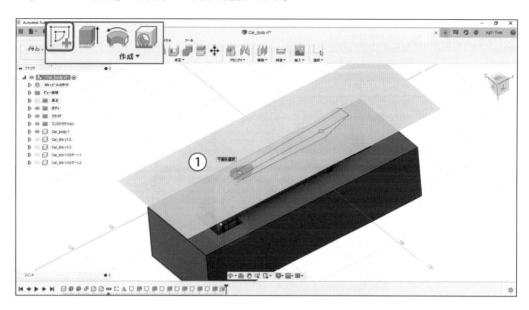

　［作成］-［テキスト］で以下の位置を選択し、「テキスト」に「スリプリ」、「高さ」を「8
mm」に設定し、［OK］で確定します。
　［スケッチを終了］でスケッチを終了します。

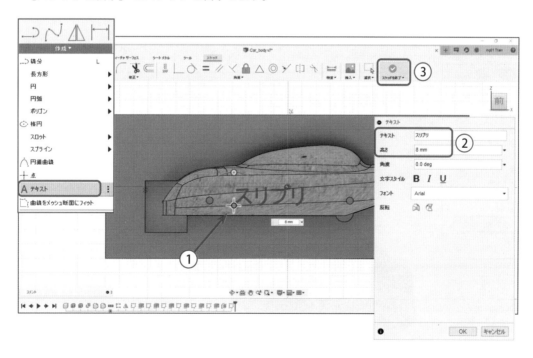

作業スペースを［製造］に変更します。

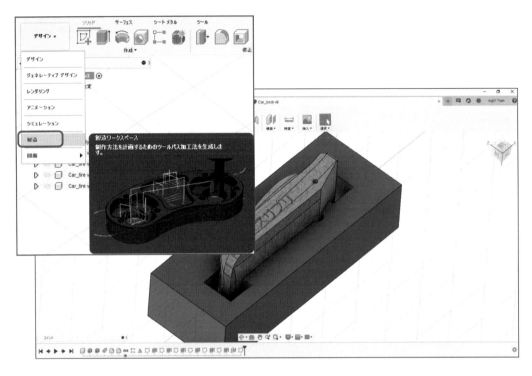

　［2D］-［彫り込み］で文字を彫り込むツールパスを作成します。［工具］タブの「工具」で工具を選択します。

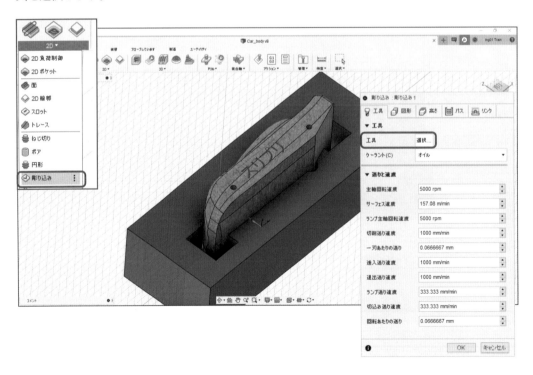

　右側のフィルタから「ツールカテゴリ」-「穴あけ」、「タイプ」-「スポット ドリル」を選択します

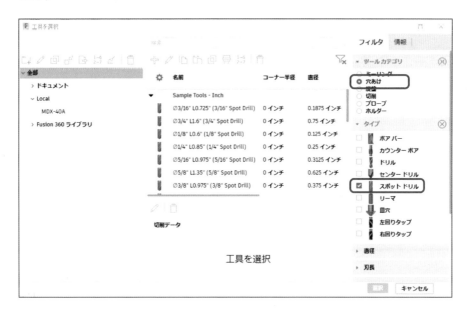

　「直径」を開き、「選択」-「等しい」を選択します。

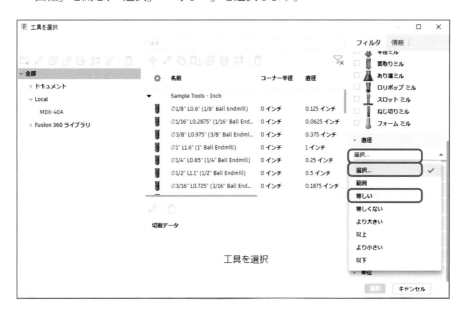

表示された寸法フィールドに「3 mm」と入力し、工具を抽出します。

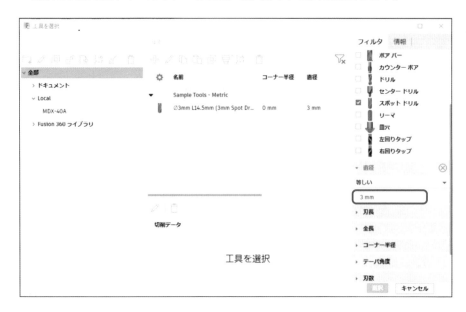

工具リストから、一番上の「∅ 3mm L14.5mm」を選択し、［選択］を選択します。

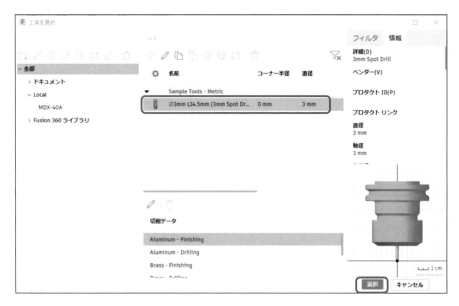

［彫り込み］のツールパスは、「面取りミル」か「スポットドリル」が対応工具です。

［形状］タブでテキストを選択します。

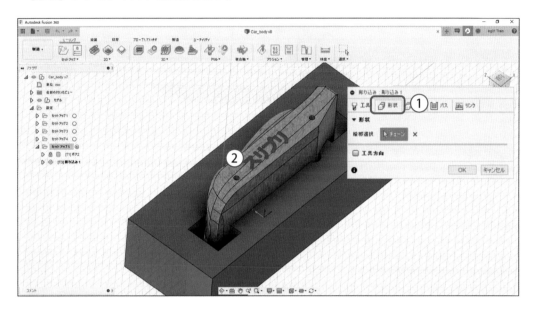

［高さ］タブで「ボトム高さ」の「オフセット」を
「–0.5 mm」に設定し、［OK］で確定します。

「ボトム高さ」の設定で、何mm彫り込まれるかを設定できます。

　ブラウザで「[T3] 彫り込み 1」のツールパスを選択し、[アクション] - [シミュレーション] でシミュレーションします。[ツールパスの末尾に移動] で計算を行います。

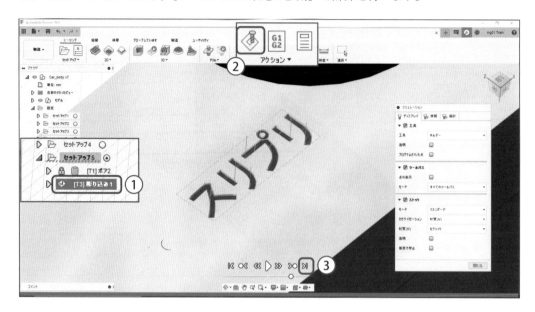

　ブラウザで「モデル」を非表示にし、切削結果を確認します。確認し終わったら、[閉じる] でシミュレーションを終了します。

　ブラウザで「モデル」を表示します。

2.28　ツールパスを NC データに変換しよう

　ブラウザで「[T1] ボア 2」のオペレーションを選択し、[アクション] [ポスト処理] を選択します。

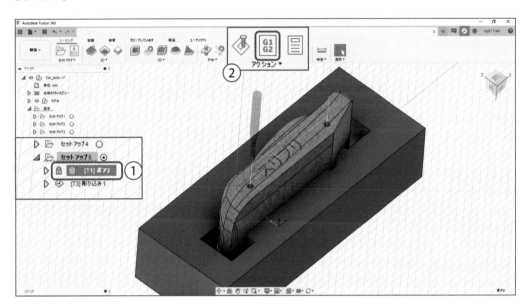

　[ポスト] を選択します。

Macの場合、[OK]を選択します。

任意のフォルダに任意の名前で保存します。

ブラウザで「[T3] 彫り込み1」のオペレーションを選択し、[アクション]-[ポスト処理]を選択します。

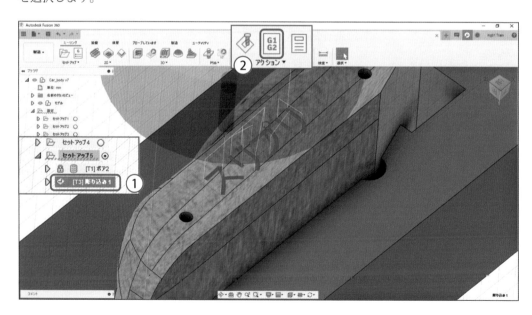

[ポスト] を選択します。

Mac の場合、[OK] を選択します。

任意のフォルダに任意の名前で保存します。

2.29 シャフト穴と文字彫りの加工をしよう

　治具にボディ形状をセットして加工します。ワーク座標系（加工原点）は治具を加工した位置から変えないでください。

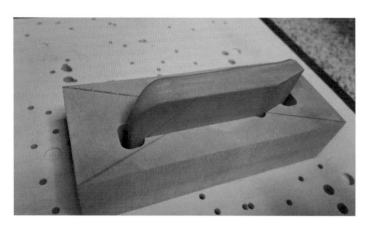

　シャフト穴をあけます。

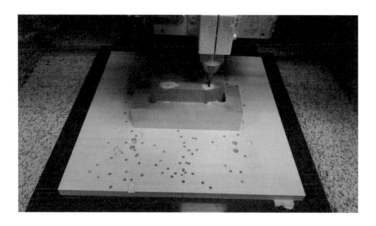

　文字を彫ります。

　ボディ形状が完成しました。

シャフト穴は手作業でドリル工具で貫通させ、シャフトを通しました。
タイヤを装着すれば完成です！

2.30 課題1：箸置き（両面加工用モデリング）

以下の画像の箸置きの加工用モデルを作ってみましょう。

完成品

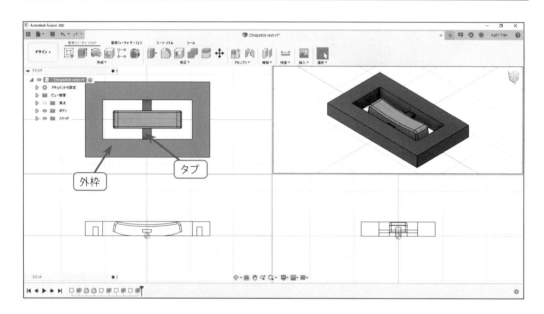

作成の条件

- 使用する「Chopstick rest.f3d」データは、以下の URL を検索し、巻末の袋とじ内に記されているナンバーを入力してダウンロードしてください。
  https://cad-kenkyujo.com/book/（「スリプリブック」で検索）
- 箸置きと外枠のクリアランス：6 mm
- 外枠の幅：10 mm
- タブの幅：5 mm
- 位置決め用の穴：中心から 30 mm の位置に 2 箇所
- タブの位置：以下の 2 箇所

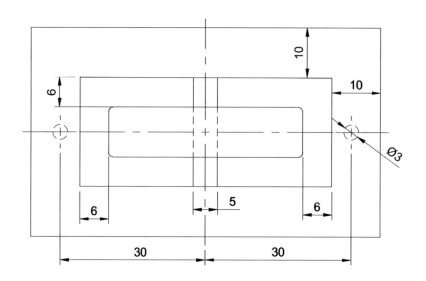

● 外枠の厚み：8 mm
● 外枠とタブの高さ方向のクリアランス：2 mm
● タブの高さ：1.5 mm
● 位置決め用の穴深さ：5 mm

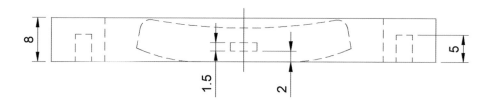

作成のヒント

※以下の加工方法はあくまで一例です。いろいろな作り方を試してみてください。

① 外枠は、真上から見たスケッチを作成し、寸法拘束しましょう。
② タブは、真横から見たスケッチを作成し、寸法拘束しましょう。
③ タブを押し出す際には、「範囲」の設定を「オブジェクト」にし、内枠まで押し出す設定が便利です。
④ 箸置きの形状と外枠は別形状として作成します。
⑤ 位置決め用の穴は中心に揃え、中心から30 mmの位置に作成します。

今回のモデル作成のための推奨コマンド

● ［スケッチを作成］-［長方形］-［2点指定の長方形］
● ［スケッチを作成］-［円］-［中心と直径を指定した円］
● ［スケッチを作成］-［スケッチ寸法］
● ［作成］-［押し出し］

2.31 課題2：箸置き（両面加工のツールパス）

以下の画像の箸置きのツールパスを作ってみましょう。

加工対象

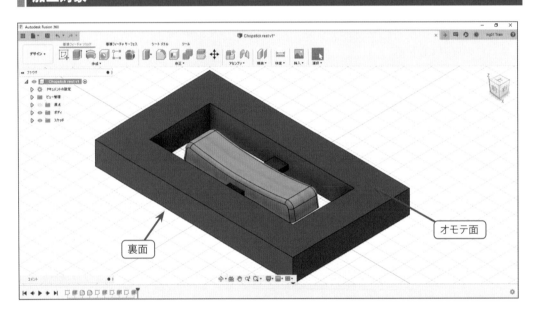

裏面

オモテ面

作成の条件

共通条件

- ストック（材料）の大きさ：外枠と同じ大きさ
- ストック（材料）の厚み：外枠と同じ厚み
- ワーク座標の位置：ストック（材料）の真ん中の一番低い位置
- 固定方法：両面テープ
- 使用可能な工具：
    - ∅ 6 mm フラット（主軸回転数 13,000 rpm、送り速度 1,000 mm/min）
    - ∅ 6 mm ボール（主軸回転数 13,000 rpm、送り速度 1,000 mm/min）
    - ∅ 4 mm フラット（主軸回転数 13,000 rpm、送り速度 800 mm/min）

∅ 4 mm ボール（主軸回転数 13,000 rpm、送り速度 800 mm/min）

∅ 3 mm フラット（主軸回転数 13,000 rpm、送り速度 700 mm/min）

∅ 3 mm ボール（主軸回転数 13,000 rpm、送り速度 700 mm/min）

∅ 2 mm フラット（主軸回転数 13,000 rpm、送り速度 600 mm/min）

∅ 2 mm ボール（主軸回転数 13,000 rpm、送り速度 600 mm/min）

- 工具交換：2回まで
- 裏面の加工：オモテ面から削れない箇所より 0.5 mm 下まで加工

その他の条件

- 粗取りの最大切込みピッチ：3 mm
- 粗取りの仕上げ代：0.2 mm
- 仕上げの切込みピッチ：0.2 mm
- 仕上げの切削ピッチ：0.2 mm
- 仕上げの加工範囲：外枠の内側より 0.5 mm 内側まで
- 位置決め穴：らせん状の動作で加工
- 位置決め穴の切込みピッチ：0.5 mm

作成のヒント

※以下の加工方法はあくまで一例です。いろいろな加工方法を試し、それぞれのメリットやデメリットを考えてみてください。

①［設定］でストックの大きさとワーク座標の位置を設定します。
②なるべく太い工具で加工することで工具負荷を減らすことができます。
③［負荷制御］で負荷を減らしたツールパスができます。
④加工する範囲は、エッジを選択して「オフセット」の値を入力して定義します。
⑤仕上げのツールパスの加工範囲は、「工具制限境界」と「追加オフセット」で設定できます。
⑥［ボア］で穴をらせん状に加工することができます。

今回のモデル作成のための推奨コマンド

- ［設定］ - ［設定］
- ［3D］ - ［負荷制御］
- ［3D］ - ［等高線］
- ［3D］ - ［走査線］
- ［2D］ - ［ボア］

解答

解答は、以下 URL にてご紹介しております。

https://cad-kenkyujo.com/book/（「スリプリブック」で検索）

2.32 課題 3：箸置き（側面加工用のモデリング）

以下の画像の箸置きの側面加工用治具モデルを作ってみましょう。

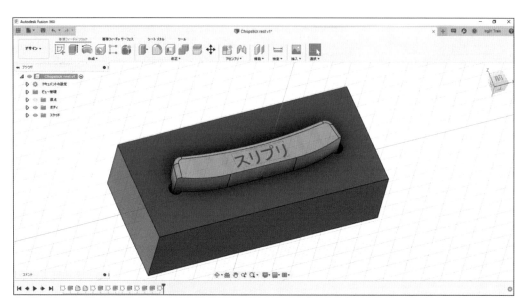

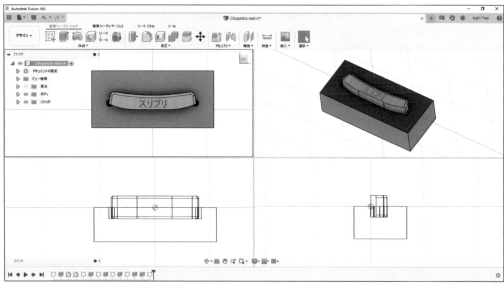

作成の条件

- 使用する「Chopstick rest.f3d」データは、以下の URL を検索し、巻末の袋とじ内に記されているナンバーを入力してダウンロードしてください。
  https://cad-kenkyujo.com/book/（「スリプリブック」で検索）
- 箸置きと外枠のクリアランス：8 mm
- 治具の奥行きサイズ：25 mm

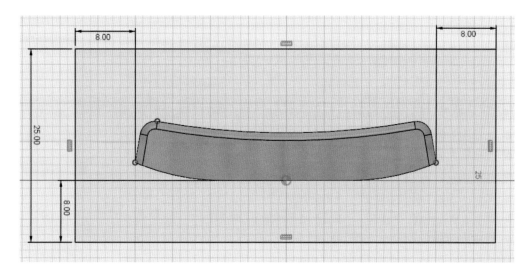

- 治具の高さ：15 mm
- 彫り込みの逃し穴：直径 3 mm
- 彫り込みの逃し穴の位置：右図

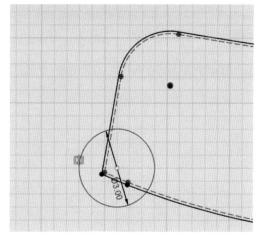

- 彫り込みのクリアランス：0.1 mm
- 彫り込み深さ：箸置きの側面まで
- 文字彫り用のテキスト：スリプリ
- 文字彫り用のテキスト文字高さ：4 mm

作成のヒント

※以下の加工方法はあくまで一例です。いろいろな作り方を試してみてください。

①治具は、真上から見たスケッチを作成し、寸法拘束しましょう。

②［プロジェクト］コマンドの「ボディ」オプションで、形状の最大外形のスケッチを作成できます。

③スケッチをダブルクリックして選択し、スケッチパレットでコンストラクション線に変更できます。

④［押し出し］の「範囲」を「オブジェクト」にし、「面をチェーン」を「面を延長」に設定すると、形状の端の面まで押し出すことができます。

今回のモデル作成のための推奨コマンド

- ［スケッチを作成］-［長方形］-［2点指定の長方形］
- ［スケッチを作成］-［スケッチ寸法］
- ［スケッチを作成］-［プロジェクト / 含める］-［プロジェクト］
- ［スケッチを作成］-［修正］-［オフセット］
- ［スケッチを作成］-［円］-［中心と直径を指定した円］
- ［作成］-［押し出し］

解答

解答は、以下URLにてご紹介しております。

https://cad-kenkyujo.com/book/（「スリプリブック」で検索）

2.33 課題4：箸置き（治具加工用のツールパス）

以下の画像の治具加工用のツールパスを作ってみましょう。

加工対象

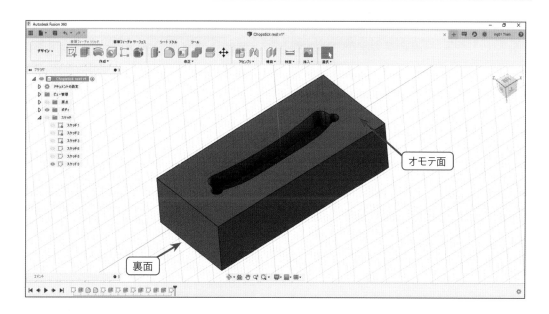

作成の条件

共通条件

- ストック（材料）の大きさ：治具形状と同じ大きさ
- ストック（材料）の厚み：治具形状と同じ厚み
- ワーク座標の位置：ストック（材料）の真ん中の一番低い位置
- 固定方法：両面テープ
- 使用可能な工具：
  - ⌀6 mm フラット（主軸回転数 13,000 rpm、送り速度 1,000 mm/min）
  - ⌀6 mm ボール（主軸回転数 13,000 rpm、送り速度 1,000 mm/min）
  - ⌀4 mm フラット（主軸回転数 13,000 rpm、送り速度 800 mm/min）
  - ⌀4 mm ボール（主軸回転数 13,000 rpm、送り速度 800 mm/min）
  - ⌀3 mm フラット（主軸回転数 13,000 rpm、送り速度 700 mm/min）
  - ⌀3 mm ボール（主軸回転数 13,000 rpm、送り速度 700 mm/min）
  - ⌀2 mm フラット（主軸回転数 13,000 rpm、送り速度 600 mm/min）
  - ⌀2 mm ボール（主軸回転数 13,000 rpm、送り速度 600 mm/min）

- ●工具交換：なし
- ●1つのツールパスで加工

その他の条件

- ●粗取りの最大切込みピッチ：1 mm
- ●粗取りの仕上げ代：0 mm

作成のヒント

※以下の加工方法はあくまで一例です。いろいろな加工方法を試し、それぞれのメリットやデメリットを考えてみてください。

①［設定］でストックの大きさとワーク座標の位置を設定します。

②なるべく太い工具で加工することで工具負荷を減らすことができます。

③［負荷制御］で負荷を減らしたツールパスができます。

今回のモデル作成のための推奨コマンド

- ●［設定］-［設定］
- ●［3D］-［負荷制御］

解答

解答は、以下 URL にてご紹介しております。

https://cad-kenkyujo.com/book/ （「スリプリブック」で検索）

2.34 課題5：箸置き（文字彫りのツールパス）

以下の画像の文字彫りのツールパスを作ってみましょう。

加工対象

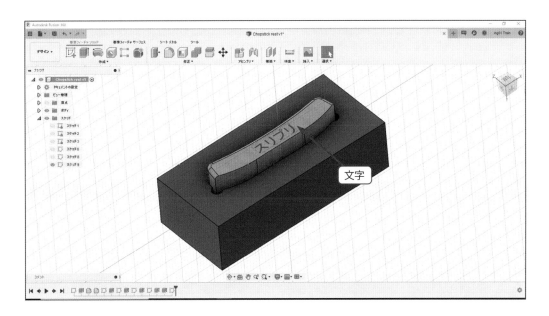

作成の条件

共通条件

- ●ストック（材料）の大きさ：治具と箸置きを合わせた最大外形
- ●ストック（材料）の厚み：治具と箸置きを合わせた厚み
- ●ワーク座標の位置：ストック（材料）の真ん中の一番低い位置
- ●固定方法：治具固定
- ●使用可能な工具：
  - ∅6 mm フラット（主軸回転数 13,000 rpm、送り速度 1,000 mm/min）
  - ∅6 mm ボール（主軸回転数 13,000 rpm、送り速度 1,000 mm/min）
  - ∅4 mm フラット（主軸回転数 13,000 rpm、送り速度 800 mm/min）
  - ∅4 mm ボール（主軸回転数 13,000 rpm、送り速度 800 mm/min）
  - ∅4 mm スポットドリル（主軸回転数 10,000 rpm、送り速度 100 mm/min）
  - ∅3 mm フラット（主軸回転数 13,000 rpm、送り速度 700 mm/min）
  - ∅3 mm ボール（主軸回転数 13,000 rpm、送り速度 700 mm/min）
  - ∅2 mm フラット（主軸回転数 13,000 rpm、送り速度 600 mm/min）
  - ∅2 mm ボール（主軸回転数 13,000 rpm、送り速度 600 mm/min）

- 工具交換：なし
- 1つのツールパスで加工

その他の条件

- 文字彫りの深さ：0.5 mm

作成のヒント

※以下の加工方法はあくまで一例です。いろいろな加工方法を試し、それぞれのメリットやデメリットを考えてみてください。

①［設定］でストックの大きさとワーク座標の位置を設定します。
②［彫り込み］で文字を彫り込むツールパスができます。
③［高さ］タブの「ボトム高さ」で彫り込む深さを設定できます。

今回のモデル作成のための推奨コマンド

- ［設定］-［設定］
- ［2D］-［彫り込み］

解答

解答は、以下URLにてご紹介しております。

https://cad-kenkyujo.com/book/（「スリプリブック」で検索）

第**3**章

電動ドライバーを
つくろう

次の内容を学習します。

● 加工準備の方法
● ツールパスの設定方法（負荷制御、ポケット
  除去、等高線、走査線、ペンシル、2D ポケット、
  2D 輪郭、ボア）

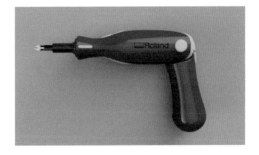

3.1 この章の流れ

　この章では、電動ドライバーの加工データを作成しながら、複雑で細かい箇所を含む形状に対するツールパスの作成方法を学びます。

1回目の加工用(裏面)にセットアップします。(3.3)

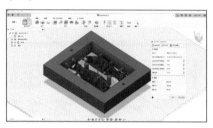

2回目の加工用(表面)にセットアップします。(3.15)

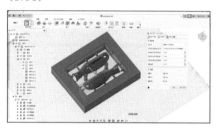

1回目のツールパスを作成します。(3.4〜3.8)

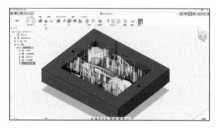

2回目のツールパス作成を作成します。(3.16)

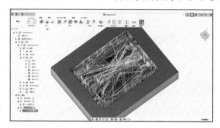

1回目の細かい箇所のツールパスを作成します。(3.9〜3.12)

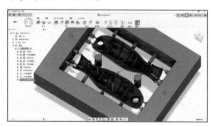

2回目の細かい箇所のツールパス作成を作成します。(3.17〜3.22)

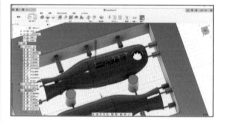

捨て板用のセットアップ、ツールパス作成をします。(3.13、3.14)

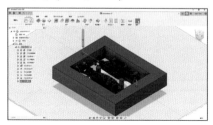

3.2 加工の概要

材料： ABS

使用する工具： ∅6スクエアエンドミル、∅4（R2）ボールエンドミル、∅2（R1）ボールエンドミル、∅1フラットエンドミル

使用する機械： MDX-540A

加工方法： 両面加工

固定方法： 両面テープ

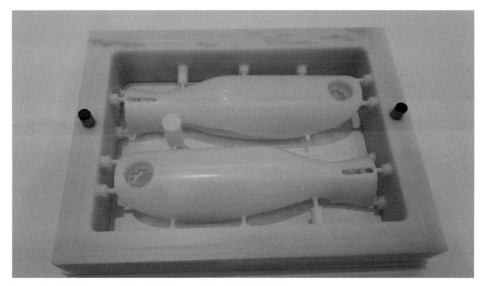

加工データ提供：ローランド ディー.ジー.株式会社 様

本課題はデータが複雑なため、パソコンのスペックによっては計算時間がかかる場合があります。

3.3 加工準備

　データパネルを開き、[アップロード]ボタンを選択します。「ファイルを選択」で「screwdriver.f3d」を選択し、アップロードします。

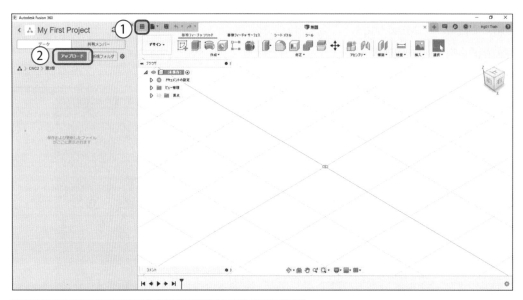

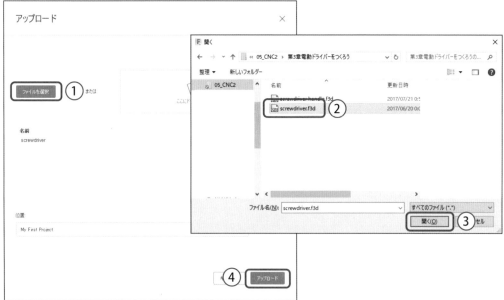

使用するデータは、以下の URL からダウンロードできます。
　https://cad-kenkyujo.com/book/ (「スリプリブック」で検索)
「電動ドライバーをつくろう」フォルダの「Screwdriver.f3d」を使用します。

ブラウザで、「本体A外装」以外の以下の部品を非表示にします。

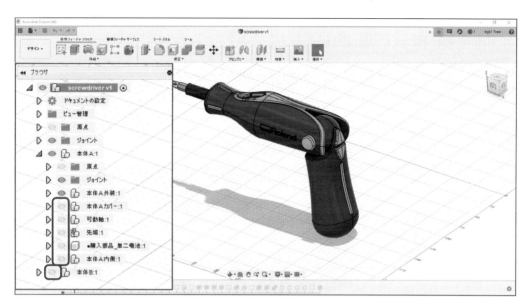

　今回使用するデータは、加工用の準備がしてあるデータです。タイムラインの履歴バーを［末尾に移動］で移動します。

［再生］ボタンを選択することで、作成の履歴を確認できます。

作業スペースを［製造］に変更します。

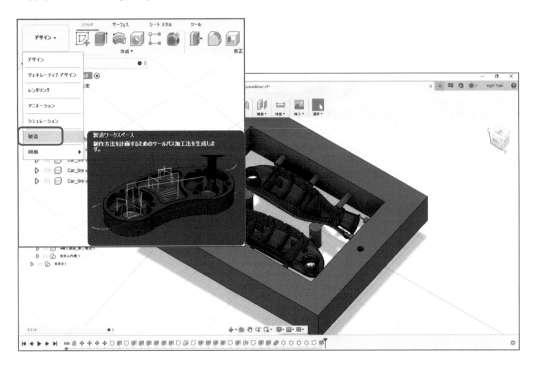

［設定］-［設定］を実行し、「モデル」で5つのボディを選択します。

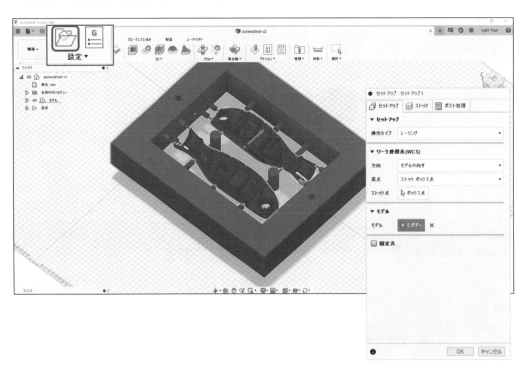

「ストック点」の「ボックス点」を選択し、真ん中の一番下の以下の点を選択します。

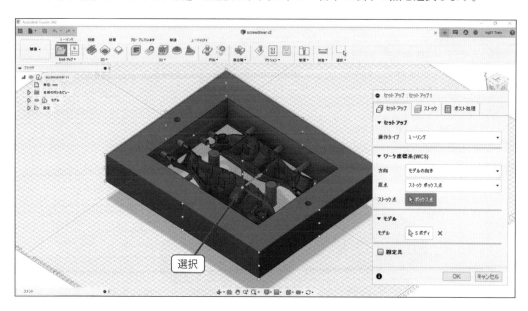

選択

［ストック］タブで、「ストック サイド オフセット」を「0 mm」、「ストック トップ オフセット」を「0 mm」に設定し、［OK］で確定します。

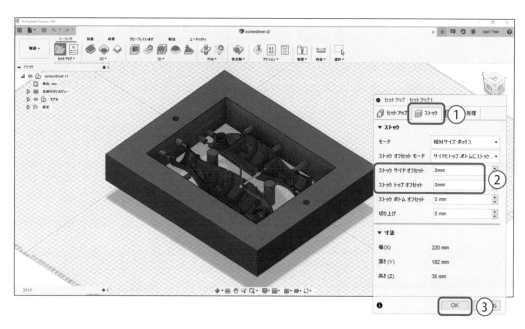

3.4 面出しのツールパスをつくろう

［2D］－［面］で面出しのツールパスを作成します。

［工具］タブの「工具」で工具を選択します。

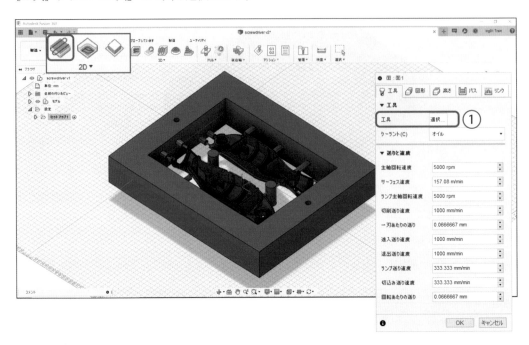

工具リストから「1 – ∅ 6mm L50mm (6mm Flat Endmill)」を選択し、［選択］を実行します。

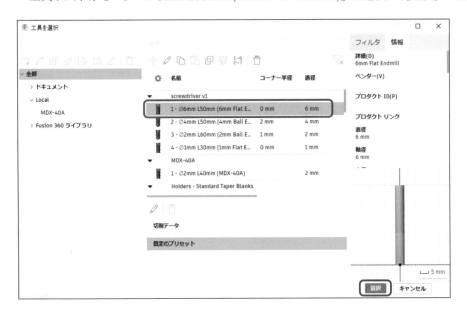

　[パス]タブで「切削ピッチ」を「5 mm」に変更し、[OK]
で確定します。

ワンポイントアドバイス

両面加工をする場合、ストックが一定の厚みになるように面出ししておくことで、両面を
削った際のズレを無くすことができます。

3.5 粗取りのツールパスをつくろう

　[3D]-[負荷制御]で粗取りのツールパスを作成します。工具は直前に使用したものが自動
選択されており、今回は同じ工具を使うため選択は不要です。

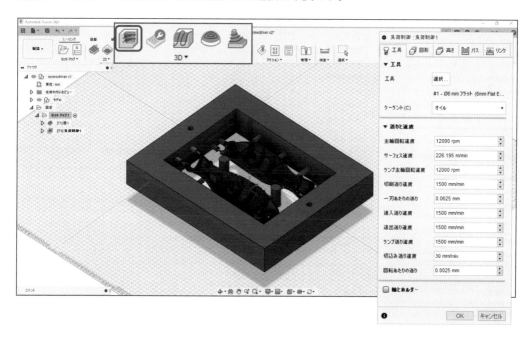

　［高さ］タブで、「ボトム高さ」を「モデル トップ」に変更し、「オフセット」を「-25 mm」に設定します。

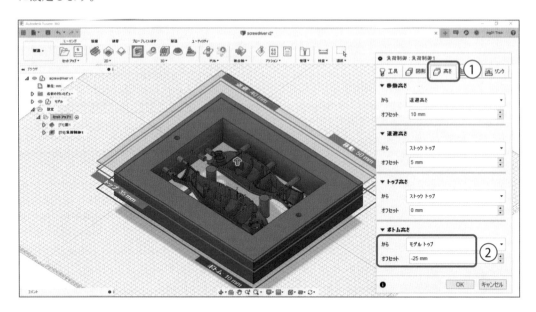

　［パス］タブで、「最大粗取り切込みピッチ」を「4 mm」、「中間切込みピッチ」を「1 mm」、「径方向の仕上げ代」と「軸方向の仕上げ代」を「0.2 mm」に設定します。

　［リンク］タブで、「ランプ除去高さ」を「1 mm」、「最小ランプ直径」を「1.5 mm」に設定し、［OK］で確定します。

「ランプ」はどのように切り込むかを設定する項目です。「らせんランプ直径」で設定した直径に従って切込みますが、場所によっては設定したらせん直径では入り込めない箇所が出てきます。「最小ランプ直径」を設定しておくことで、「らせんランプ直径」で入り込めない箇所にのみ、「最小ランプ直径」で設定したヘリカル直径で進入します。

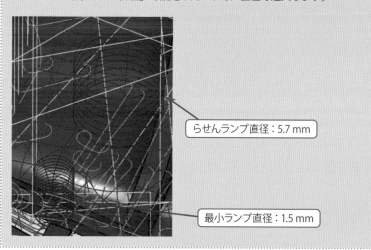

らせんランプ直径：5.7 mm

最小ランプ直径：1.5 mm

形状が複雑になったり、ツールパスの設定を細かくするほど、計算時間は長くなります。

ツールパスが作成されました。

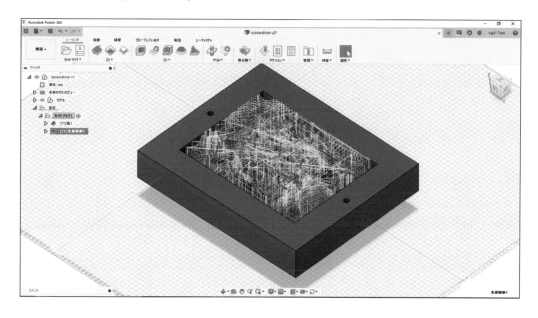

形状が複雑な3軸加工を行う場合、ストックの削り上がりを確認するシミュレーションにも計算時間がかかってきます。シミュレーションの設定で「モード」を「高速（3軸のみ）」に設定することで、切削結果を高速に確認することができます。ただし、表示は荒くなるため、「品質」の設定で調整してください。

シミュレーションを開始すると、自動的に干渉チェックの計算が始まります。［情報］タブの「検証」で干渉チェックの進捗を確認したり、チェックを一時停止できます。

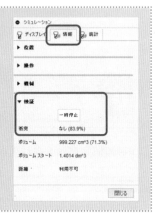

3.6　再粗取りのツールパスをつくろう

　［検査］-［計測］で、加工する最下部の座標値を計測します。形状の上面と、形状の一番下の点をクリックして計測します。「距離」が「31.5 mm」なので、「31.5 mm」の深さまで加工します。

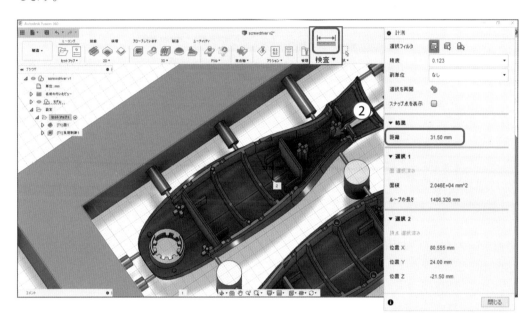

　［3D］-［ポケット除去］で、ストックの残っている箇所にのみツールパスを作成します。［工具］タブの「工具」で工具を選択します。

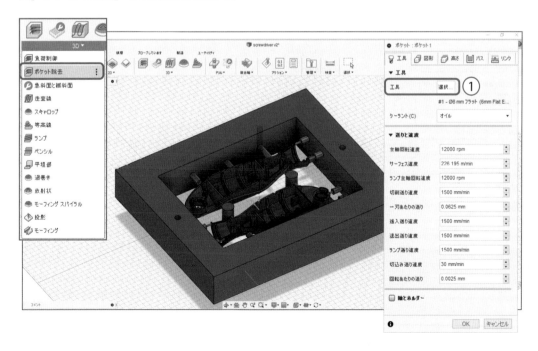

工具リストから「2 – ∅ 4mm L50mm (4mm Ball Endmill)」を選択し、［選択］を実行します。

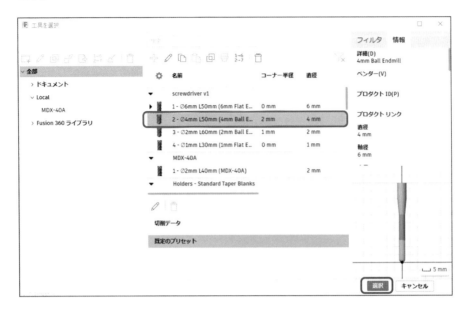

　［形状］タブで、「加工境界」を「シルエット」に、「工具制限境界」を「工具外側境界」に、「追加オフセット」を「1mm」に、「取残し加工」のチェックをONにし、「ソース」を「前の操作から」、「調整オフセット」を「0.6 mm」に設定します。

　［高さ］タブで「ボトム高さ」を「モデル トップ」に変更し、「オフセット」を「–31.5 mm」に設定します。

「取残し加工」を「前の操作から」に設定すると、直前のツールパスまでで加工されていない領域を自動的に認識してツールパスを作成できます。「調整」は、微小な取り残しを無視することで無駄な短いパスが出ないようにする設定で、「調整オフセット」の数値より小さい尖端（尖った）領域を無視できます。数値を大きく設定するほど、ツールパスの量は少なくなります。

 「加工境界」を「シルエット」に設定すると、加工対象の最大外形が加工境界（加工範囲）となります。

　[パス] タブで「最小直径」に「4 mm」、「手動切削ピッチ」のチェックを ON にし、「最小切削半径」に「1 mm」を入力し、「最大切削ピッチ」が「0.8 mm」になっていることを確認します。「径方向の仕上げ代」と「軸方向の仕上げ代」を「0.2 mm」に設定します。

　[リンク] タブで、「水平退出半径」と「垂直退出半径」を「0 mm」に設定し、「ランプタイプ」を「切込み」、「ランプ除去高さ」を「1 mm」に設定し、[OK] で確定します。

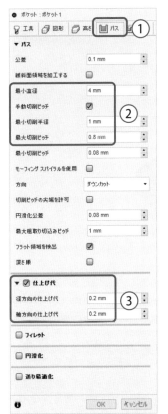

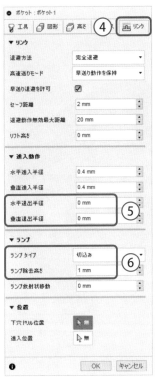

 「ランプタイプ」は工具が Z 方向から材料に入って行くときの設定です。
今回は移動距離を短縮するために「切込み」に設定しています。

「最小直径」に入力した数値以下の穴は加工対象から除外されます。位置決め用の2つの穴は別のツールパスで加工するため、この設定を入れて加工対象から除外します。

［最小切削半径］を設定することで、鋭角に折れ曲がるツールパスに設定した半径のRが付くため、送り速度を維持して負荷が少ない加工ができます。

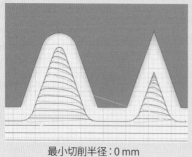

最小切削半径：0mm

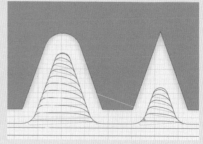

最小切削半径：1mm

　ツールパスが作成されました。警告が表示されますが、今回は「切込み」の設定によるものなので、問題ありません。

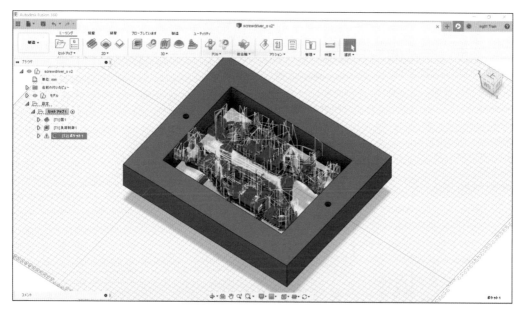

切削工具は回転して材料を削るため、横から材料に入っていくことが理想的です。
今回「ポケット1」で「ランプタイプ」を「切込み」に設定したことで、工具が垂直に材料に入っていきます。
そのため、表示される警告「Cannot plunge outside stock.」は工具が材料に垂直に入っていくことを警告しています。
「ランプタイプ」を「切込み」以外に設定するとエラーは解消しますが、ランプ動作が大幅に延長されます。

3.7 平坦部のツールパスをつくろう

［3D］-［平坦部］で、平面部のみにツールパスを作成します。［工具］タブの「工具」で工具を選択します。

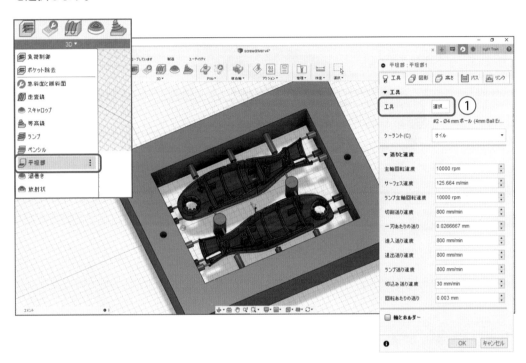

工具リストから「1 – ∅ 6mm L50mm (6mm Flat Endmill)」を選択し、［選択］を実行します。

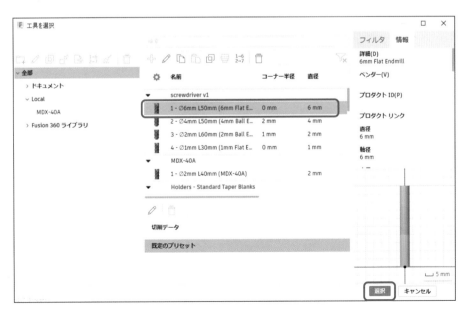

［形状］タブで「加工境界」を「選択」に設定し、「加工境界選択」で内枠を選択します。
「工具制限境界」を「工具内側境界」に設定し、「追加オフセット」を「6 mm」に設定し、［OK］
で確定します。

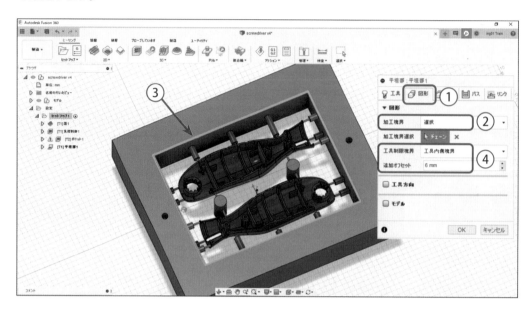

ツールパスが作成されました。

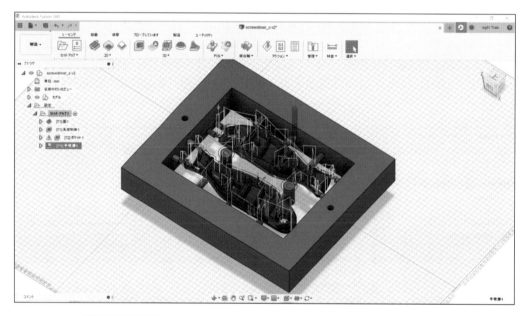

［平坦部］は平面領域を自動的に認識してツールパスを作成するコマンドです。

3.8 仕上げのツールパスをつくろう

　［3D］-［等高線］で仕上げのツールパスを作成します。［工具］タブの「工具」で工具を選択します。

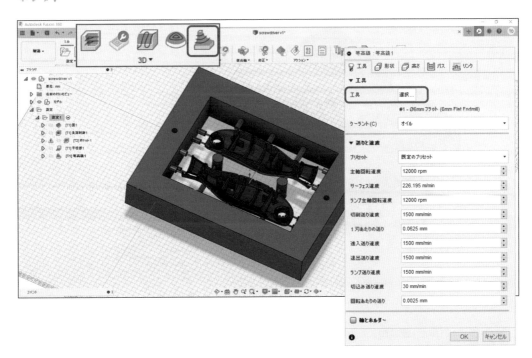

　工具リストから「2 – ⌀ 4mm L50mm (4mm Ball Endmill)」を選択し、［選択］を実行します。

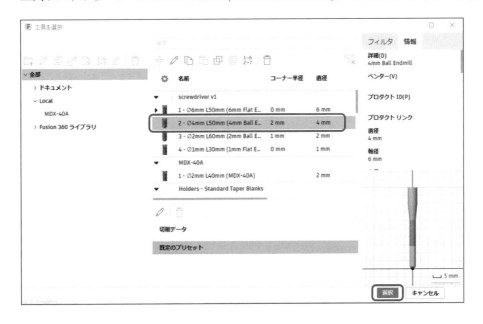

　［形状］タブで、「傾斜」のチェックを ON に設定し、「傾斜開始角度」を「30 deg」に設定します。
　「回避 / 接触面」のチェックを ON に設定し、内側の枠の面を 4 箇所と、穴の側面を 2 箇所選択し、「回避 / 接触面クリアランス」を「1 mm」に設定します。

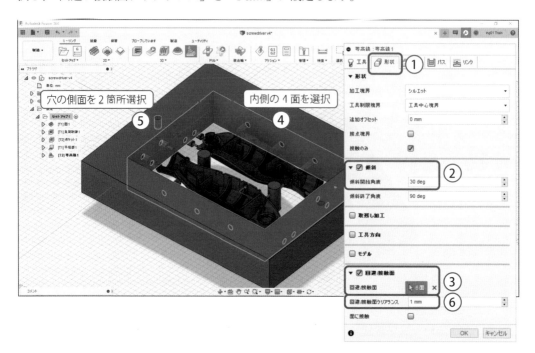

　「回避 / 接触面」で選択した面は、「回避 / 接触面クリアランス」で設定した値分回避をし、工具が触れないようになります。「面に接触」のチェックを入れると、動作が逆になり、選択した面のみを加工するツールパスとなります。

　［パス］タブで「最大切込みピッチ」を「0.2 mm」に設定し、［OK］で確定します。

ツールパスが作成されました。

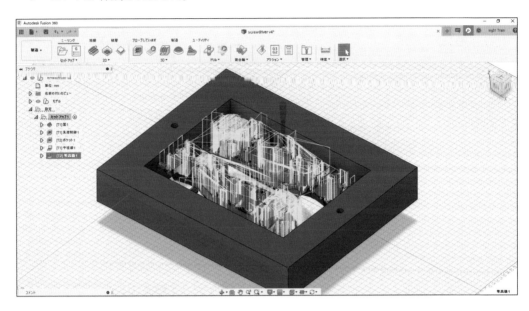

3.9 細い工具で再粗取りのツールパスをつくろう

［3D］-［ポケット除去］で、さらに細い工具でツールパスを作成します。［工具］タブの「工具」で工具を選択します。

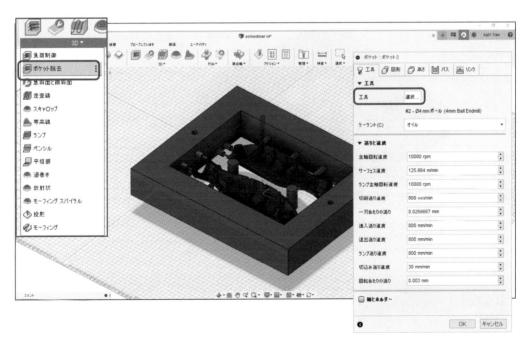

工具リストから「3 – ⌀ 2mm L60mm (2mm Ball Endmill)」を選択し、[選択] を実行します。

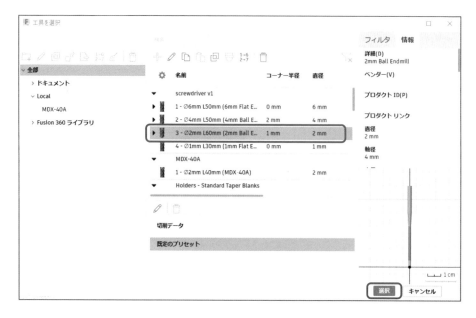

　[形状] タブで「加工境界」を「シルエット」に、「工具制限境界」を「工具内側境界」に、「取残し加工」のチェックを ON に設定し、「調整オフセット」を「0.4 mm」に設定します。
　「モデル」のチェックを入れ、「モデル面」で製品形状を 2 つ選択し、「セットアップモデルを含める」のチェックを OFF にします。

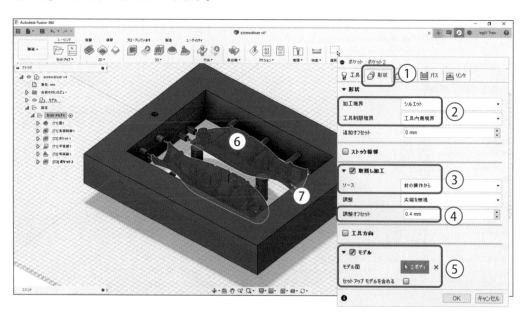

 「加工境界」を「シルエット」に設定すると、加工対象の最大外形が加工境界（加工範囲）となります。

　［高さ］タブで「ボトム高さ」を「モデル トップ」に設定し、「オフセット」を「-31.5 mm」に設定します。

　［パス］タブで、「手動切削ピッチ」をONにし、「最大切削ピッチ」を「0.4 mm」に設定します。「最大粗取り切込みピッチ」を「0.8 mm」、「径方向の仕上げ代」と「軸方向の仕上げ代」を「0.2 mm」に設定します。

　［リンク］タブで、「水平退出半径」と「垂直退出半径」を「0 mm」、「ランプ タイプ」を「切込み」に、「ランプ除去高さ」を「1 mm」に設定し、［OK］で確定します。

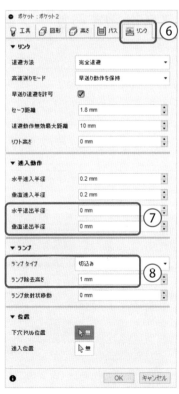

ツールパスが作成されました。警告が表示されますが、今回は「切込み」の設定によるものなので、問題ありません。

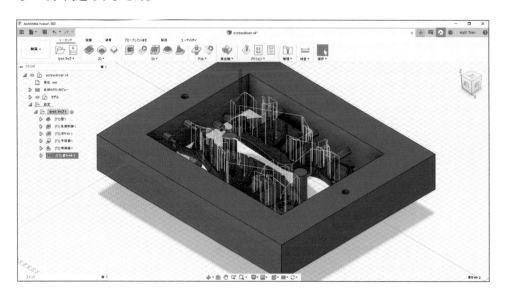

3.10 ツールパスを制御するサーフェスをつくろう

端にある長穴を見ると、細い箇所にツールパスが入り込んでいることが確認できます。

細い工具で深い箇所まで加工すると負荷が大きく工具が折れる可能性がありますので、この長穴は裏側から加工することにして、今回は加工しないようにします。

3D加工の際、ツールパスが不要な箇所にサーフェス（厚み0の面）を作成し、設定することで、その部分にフタをするイメージで、ツールパスを制御できます。

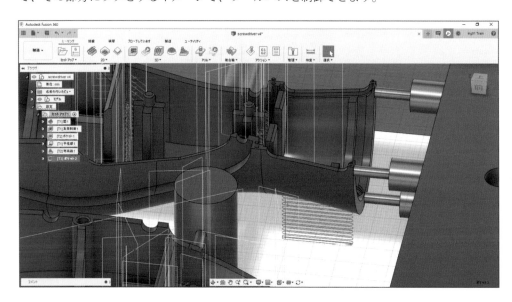

ブラウザで、「[T3] ポケット 2」のツールパス以外を選択し、[保護] します。

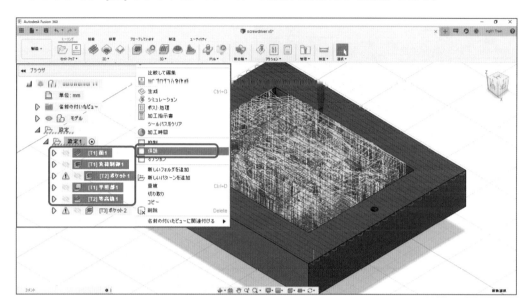

これから、サーフェスを作成するために [デザイン作業スペース] の [サーフェス] で編集を行います。[サーフェス] で作業をするということは、編集内容によっては現在のツールパスが正しいという保証がなくなります。そのため、変更後に [製造作業スペース] に戻ると赤い「！」マークが表示され、再計算が必要となります。

今回はツールパスを制御するためのサーフェスを作成する編集作業なので、今まで作成したツールパスに変更はないことは確定していますので、ツールパスを[保護]しておきます。[保護] したツールパスは [デザイン作業スペース] で編集を行っても赤い「！」マークが表示されなくなります。ただし、製品形状を変更した場合にも赤い「！」マークが表示されませんので、形状とツールパスに整合性が保たれているかを注意して作業してください。

作業スペースを［デザイン］に変更します。

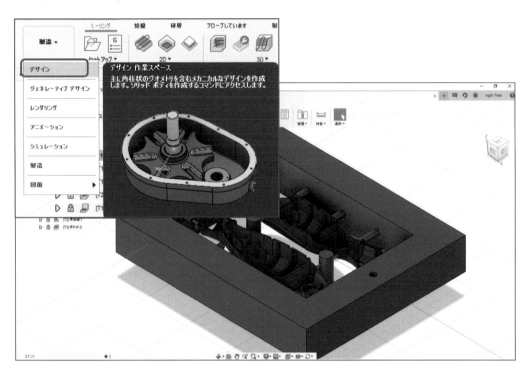

　［サーフェス］タブに切り替え、［作成］-［パッチ］で、長穴のエッジを選択します。グループエッジのチェックを ON にし、「連続性」を「接線（G1)」に設定し、［OK］で確定します。

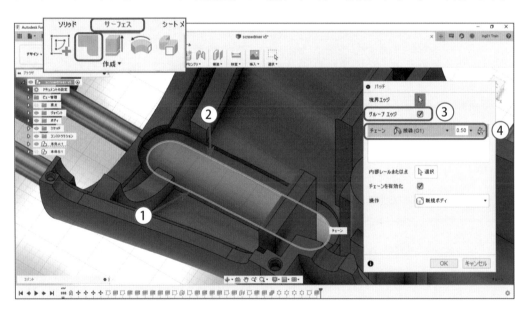

再度［作成］-［パッチ］で、もう一方の長穴も同様に面を作成します。

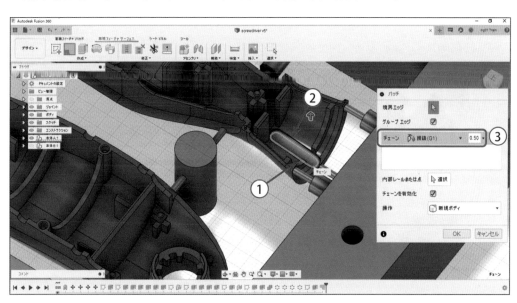

［サーフェス］で作成した要素は、厚みが0のサーフェス形状となります。

再度［作成］-［パッチ］で、位置決め用の穴2箇所に面を作成します。

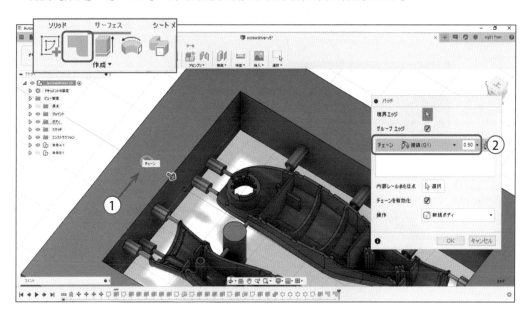

再度［作成］-［パッチ］で、もう一方の位置決め用の穴にも同様に面を作成します。

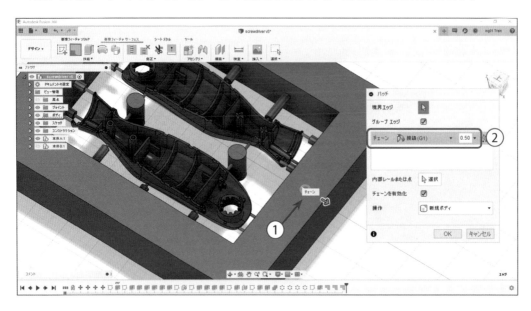

作業スペースを［製造］に変更します。

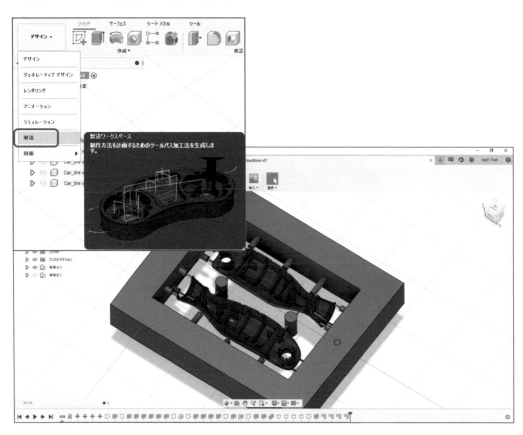

ブラウザで、「[T3] ポケット 2」のツールパスを右クリック [編集] でツールパスを編集します。

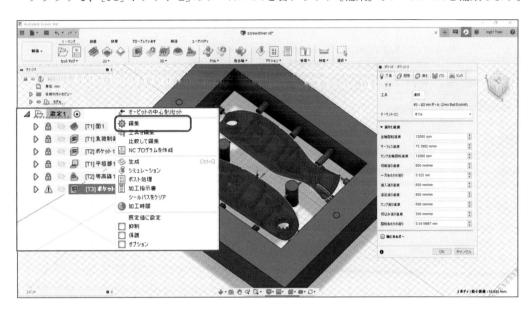

[形状] タブで、「モデル面」を選択し、作成した面を 4 箇所選択し、[OK] で確定します。

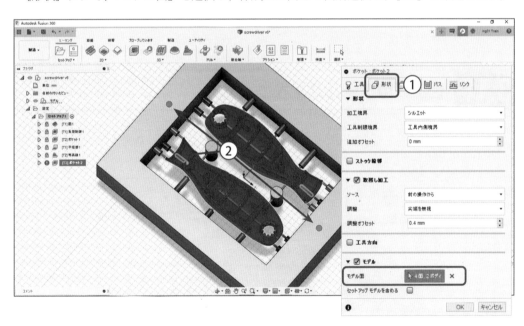

問題のツールパスがなくなったことが確認できます。

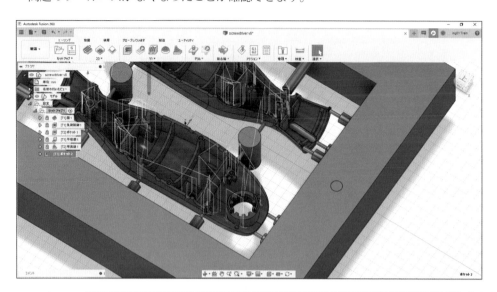

「モデル面」に追加した要素は、製品形状と同等の面として扱われます。今回は面を追加したことにより、長穴がないものとして計算されるため、この箇所を加工する必要がなくなりツールパスがなくなっています。

3.11 仕上げのツールパスをつくろう

　[3D] - [スキャロップ] で仕上げのツールパスを作成します。「工具」で引き続き「3 - ⌀ 2 mm ボール (2mm Ball Endmill)」が選択されていることを確認します。

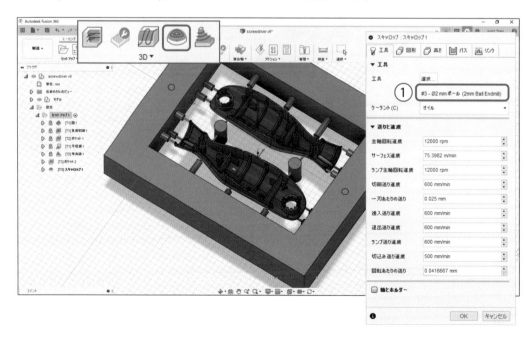

［スキャロップ］のツールパスは、同心円を描くように加工するツールパスです。

　［形状］タブで「傾斜」のチェックを ON にし、「傾斜開始角度」を「0.1 deg」、傾斜終了角度を「50 deg」、「モデル」にチェックを入れ、製品形状と長穴のサーフェスを選択し、「セットアップモデルを含める」のチェックを OFF にします。

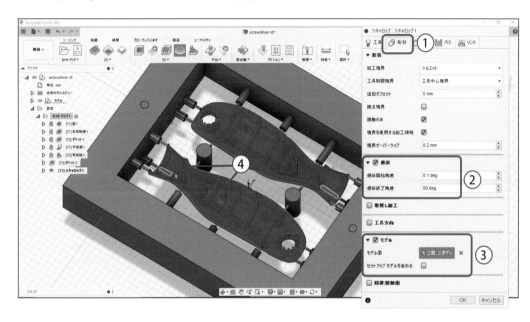

　「回避 / 接触面」のチェックを ON にし、枠形状を選択します。「回避 / 接触面クリアランス」を「0.1 mm」に設定します。

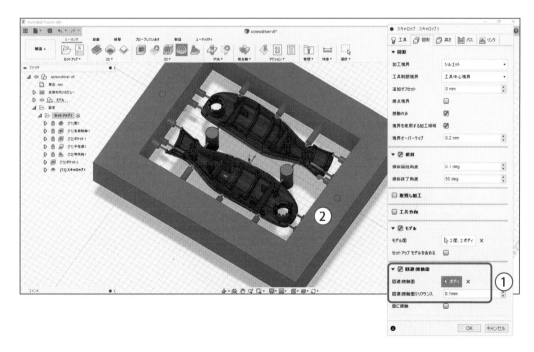

「傾斜開始角度」を「0.1 deg」とすることで、平面部分に余分なツールパスが作成されるのを防いでいます。

形状を選択する際は、マウスを形状の上に移動し、形状全体が白くハイライトしたのを確認してからクリックしてください。

［パス］タブで「切削ピッチ」を「0.2 mm」に設定し、［OK］で確定します。

ツールパスが作成されました。

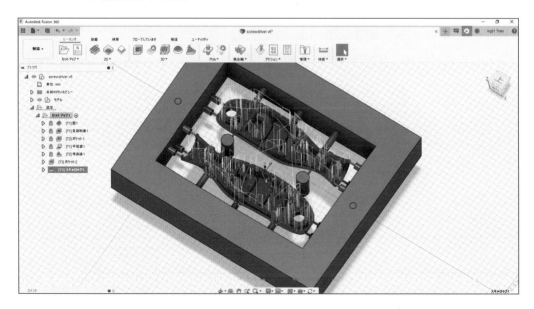

3.12 部分的な仕上げをしよう

［2D］-［2D輪郭］で、ギア部分の仕上げを行います。［工具］タブの「工具」で工具を選択します。

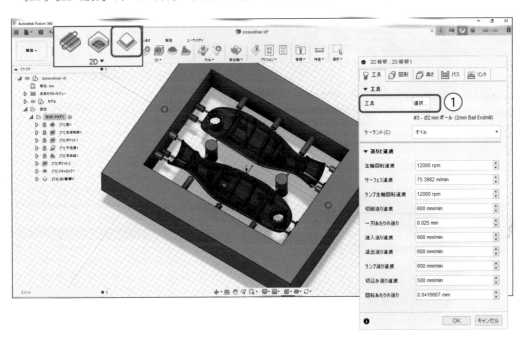

工具リストから「4 - ⌀ 1mm L30mm (1mm Flat Endmill)」を選択し、［選択］を実行します。

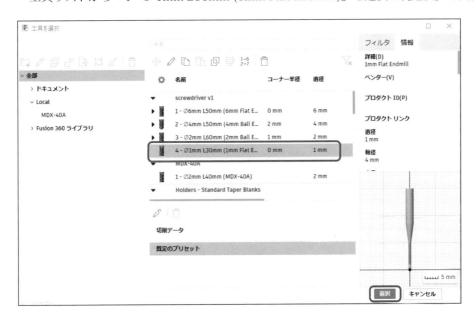

［形状］タブで、下側のエッジを2箇所選択します。

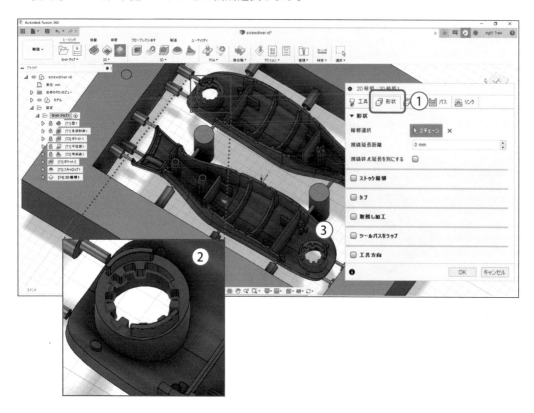

［高さ］タブで、「トップ高さ」を「選択」にし、ギア部分の上面を選択します。「ボトム高さ」を「選択された輪郭」にし、「オフセット」を「-0.2 mm」に設定します。

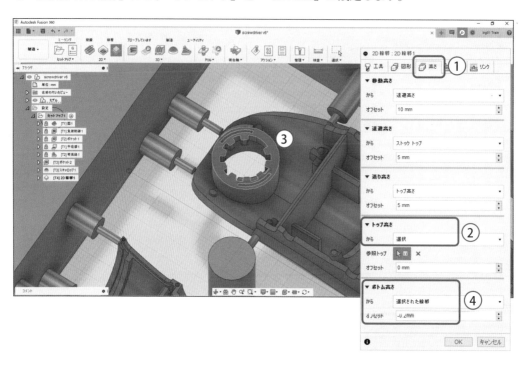

　［パス］タブで「粗取りパス」のチェックをONにし、「最大切削ピッチ」を「0.3 mm」に設定します。

　「複数深さ」のチェックをONにし、「最大粗取り切込みピッチ」を「0.3 mm」に設定し、［OK］で確定します。

　ツールパスが作成されました。

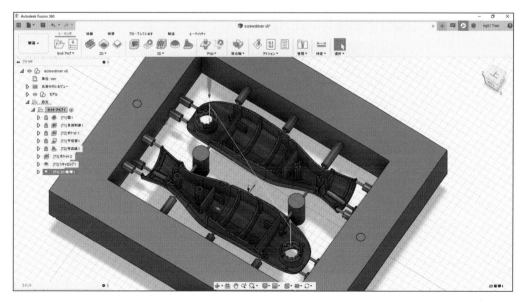

[2D]-[2D輪郭]で、ツールパスを作成します。[形状]タブで以下の4箇所のエッジを選択し、[OK]で確定します。

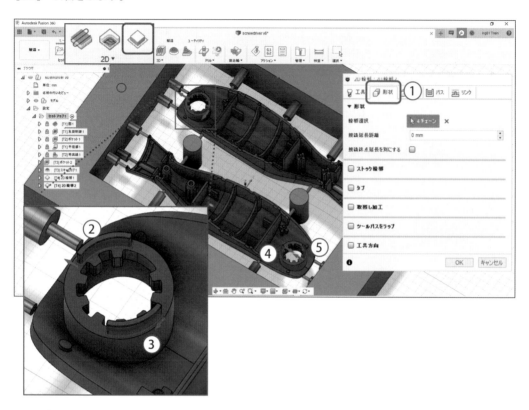

ツールパスが作成されました。

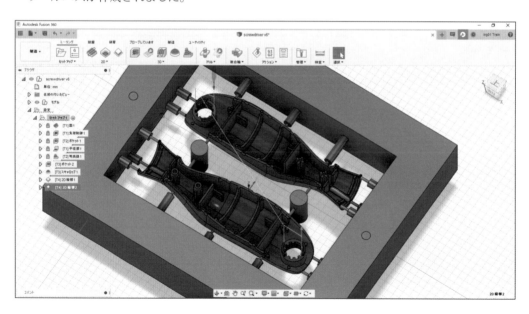

[2D]-[2Dポケット]で穴部分のツールパスを作成します。[形状]タブの以下の4箇所のポケット底面を選択します。

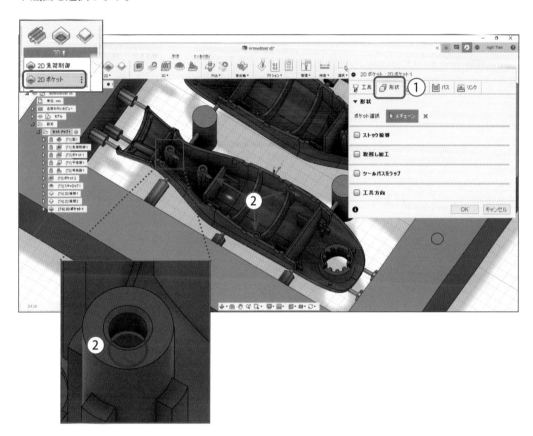

[高さ]タブで「トップ高さ」を[選択]に変更し、穴の上面を選択します。

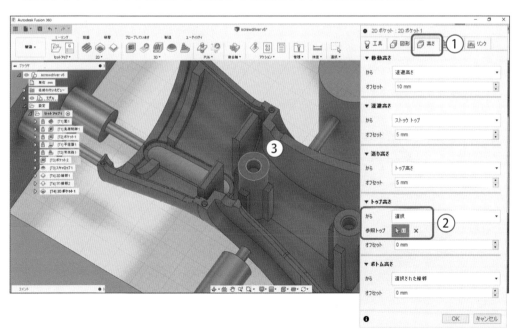

　［パス］タブで「最大切削ピッチ」を「0.3 mm」に、「複数深さ」のチェックを ON にし、「最大粗取り切込みピッチ」を「0.3 mm」に設定、「仕上げ代」のチェックを OFF にします。
［リンク］タブで「ランプ除去高さ」を「0.2 mm」、「らせんランプ直径」を「0.5 mm」、「最小ランプ直径」を「0.2 mm」に設定して［OK］で確定します。

　ツールパスが作成されました。

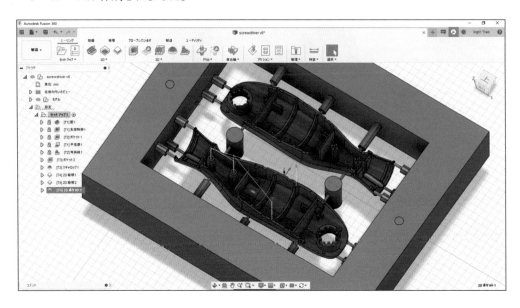

3.13 位置決め用の穴のツールパスを作成しよう

［2D］-［ボア］で位置決め用の穴を加工します。［工具］タブの「工具」で工具を選択します。

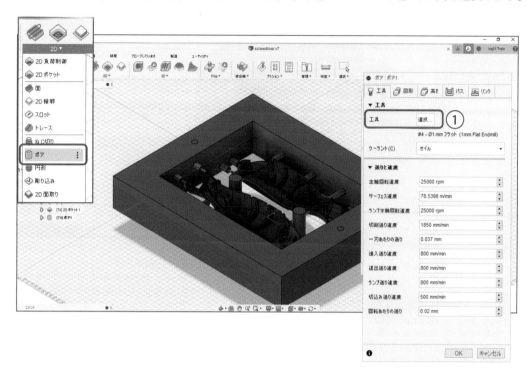

工具リストから「1 – ⌀ 6mm L50mm (6mm Flat Endmill)」を選択し、［選択］を実行します。

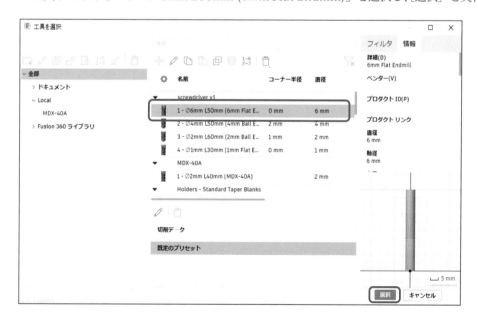

［形状］タブで以下の 2 箇所の穴を選択します。

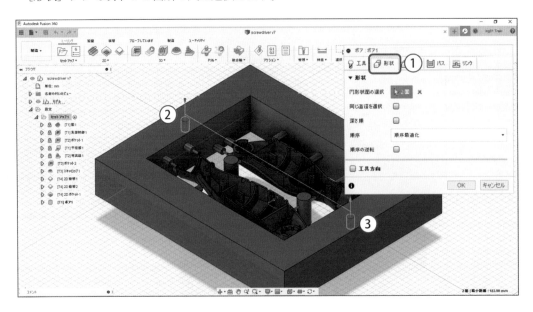

［パス］タブで「ピッチ」に「0.5 mm」を設定し、［OK］で確定します。

ツールパスが作成されました。

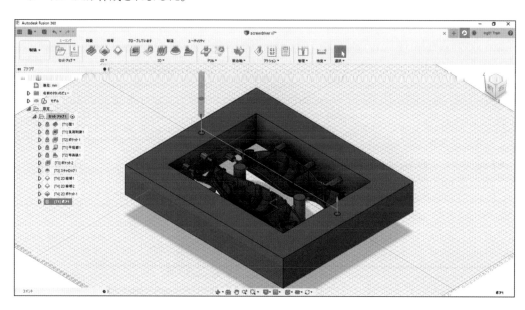

3.14 捨て板にあける位置決め用の穴のツールパスをつくろう

［設定］-［設定］で、捨て板側にあける位置決め穴のツールパスを作成する準備を行います。

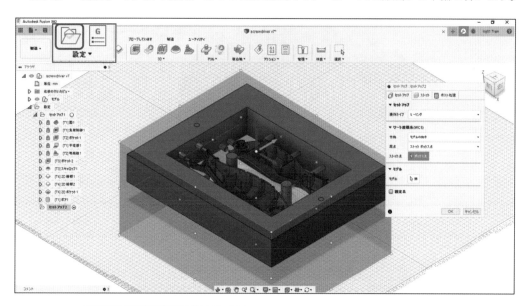

 今回、機械側で設定している加工原点は、捨て板の上面が Z0 の位置です。今回は、加工原点を上面に設定することで、Z0 の高さから下に彫り込む穴加工のツールパスを作成し、捨て板に穴をあけることができます。

「モデル」で 5 つのボディを選択します。

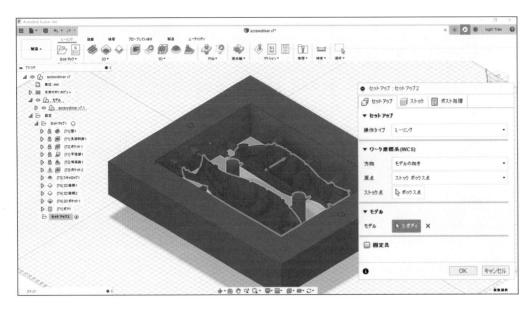

［ストック］タブで、「ストック サイド オフセット」を「0 mm」、「ストック トップ オフセット」を「0 mm」に設定し、［OK］で確定します。

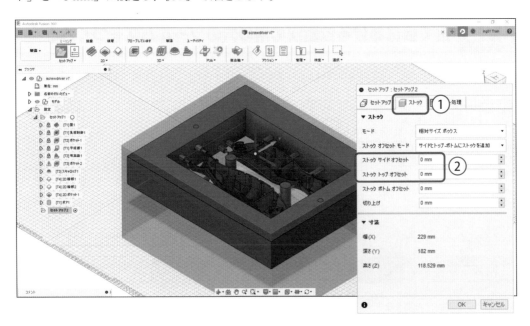

ブラウザで「[T1] ボア 1」のオペレーションを右クリックし、[コピー] を選択します。

ブラウザで「設定 2」を右クリックし、[貼り付け] を選択します。

ブラウザで「設定 2」を開き、「[T1] ボア 1 （2）」を右クリックし、[生成] を選択します。

［生成］は、ツールパスを再演算するコマンドです。ツールパスをコピーしたり、形状が設計変更で変わったり、加工原点を変更した場合には、オペレーションに赤い「！」マークが出るため、[生成] で再計算する必要があります。

3.15 表加工用の加工準備

以下のような方向から見た画面に回転し、ブラウザで作成したサーフェスを非表示にします。

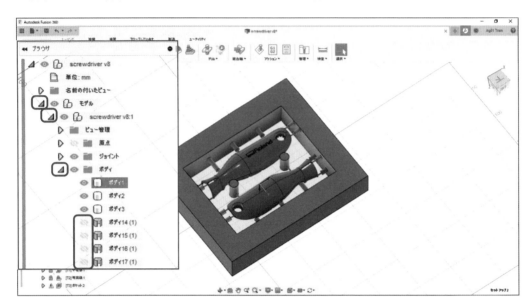

［セットアップ］の際に画面上に表示されている形状が、「モデル」として加工対象となります。加工範囲として一時的に使用したサーフェスが表示されたままだと、オモテ面加工をする際のセットアップに含まれて認識されますので、ご注意ください。

　［設定］-［設定］で、表面加工用のセットアップを行います。「方向」で「Z 軸 / 平面、X 軸を選択」を選択し、形状の上面を選択します。

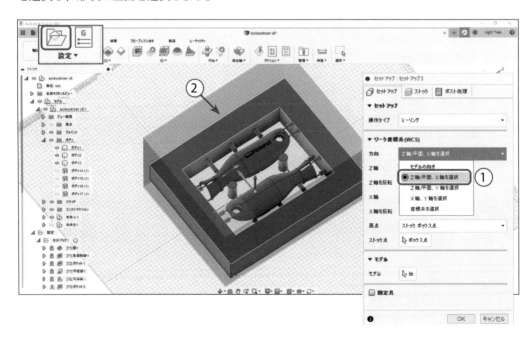

「X軸」で以下のエッジを選択します。

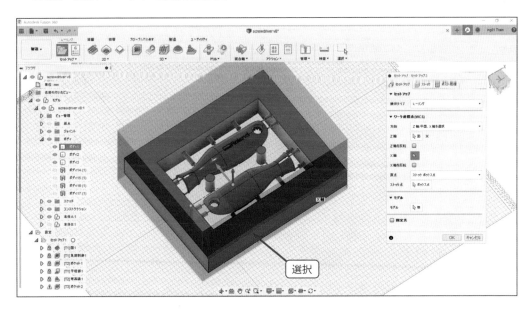

「モデル」で5つのボディを選択します。

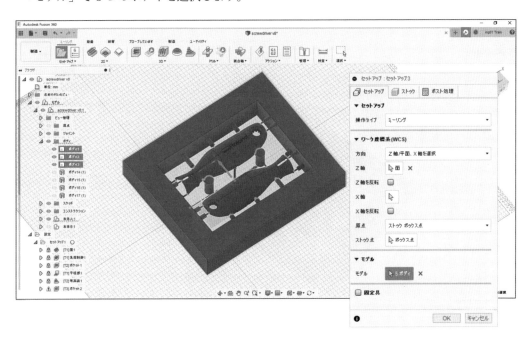

「ストック点」の「ボックス点」を選択し、真ん中の一番下の以下の点を選択します。

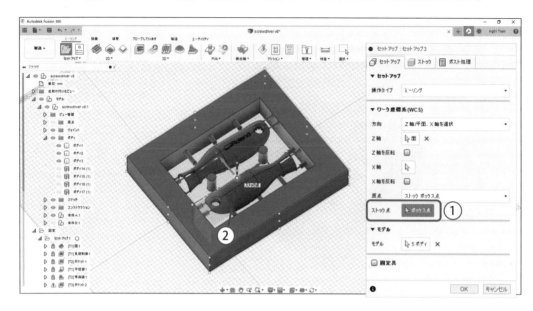

［ストック］タブで、「ストック サイド オフセット」を「0 mm」、「ストック トップ オフセット」を「0 mm」に設定し、［OK］で確定します。

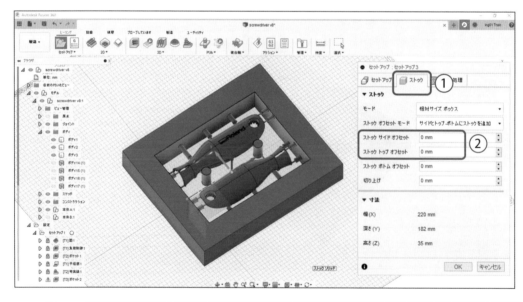

これから作成するツールパスは、作成した「設定」の中に格納されます。設定の横の丸いボタン［有効化］で、これから作成するツールパスをどのセットアップに対して作成するかを設定することができます。

3.16　オモテ面加工の粗取りのツールパスをつくろう

　［3D］-［負荷制御］で粗取りのツールパスを作成します。「工具」が「∅ 6 mm フラット」になっていることを確認します。

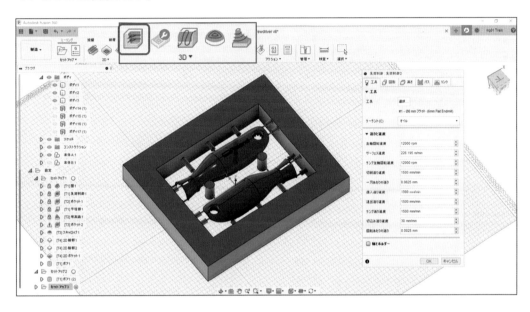

　［高さ］タブの「ボトム高さ」を「選択」に設定し、以下の面を選択します。「オフセット」を「–1 mm」に設定します。

　［パス］タブで「最適負荷」を「3 mm」、「最大粗取り切込みピッチ」を「4 mm」、「径方向の仕上げ代」と「軸方向の仕上げ代」を「0.2 mm」に設定します。

　［リンク］タブで「ランプ除去高さ」を「1 mm」、「ランプ直径」を「1.5 mm」に設定し、［OK］で確定します。

「最適負荷」は、XY 方向の切削ピッチを設定する項目です。

ツールパスが作成されました。

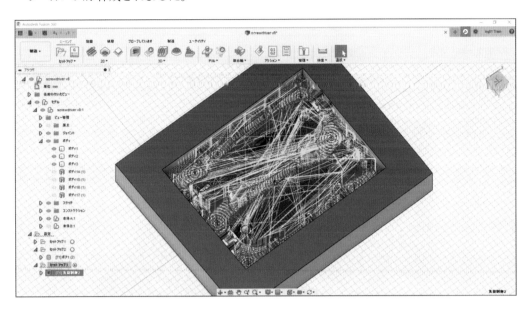

　ブラウザで、保護されていない以下のツールパスを選択し、右クリック、［保護］を選択します。

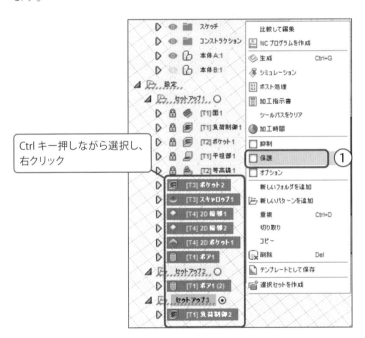

Ctrl キー押しながら選択し、右クリック

3.17 ツールパスを制御するサーフェスをつくろう

作業スペースを［デザイン］に切り替えます。

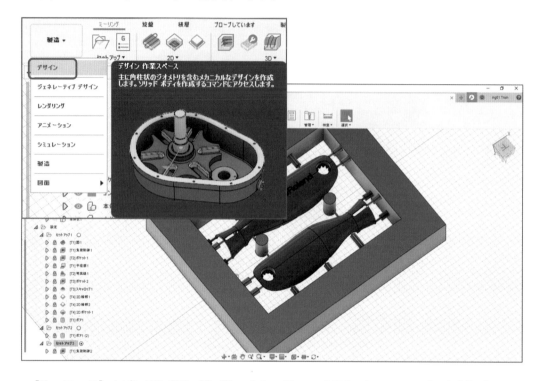

［サーフェス］タブに切り替え、［作成］-［パッチ］で、以下の穴にツールパスを制御するサーフェスを作成します。グループエッジのチェックを ON にし、「連続性」を「接線（G1）」に設定し、［OK］で確定します。

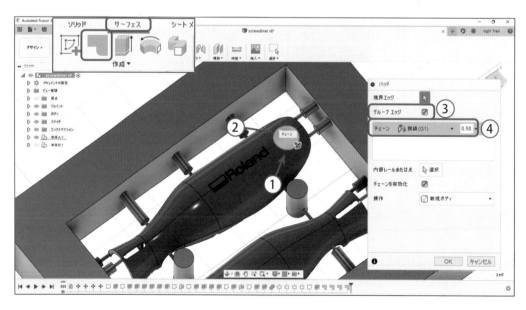

再度［作成］-［パッチ］で、長穴にも面を作成します。

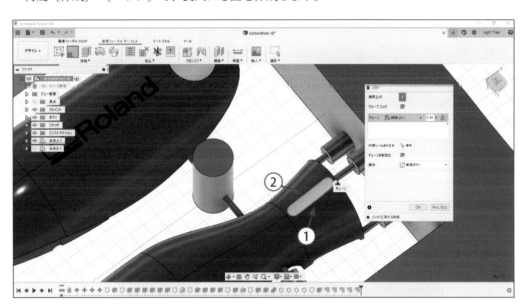

同様の操作で、［作成］-［パッチ］で、残り2箇所もパッチを作成します。

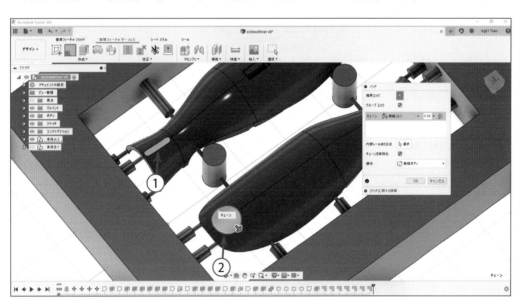

3.18 オモテ面加工の再粗取りのツールパスをつくろう

作業スペースを［製造］に変更します。

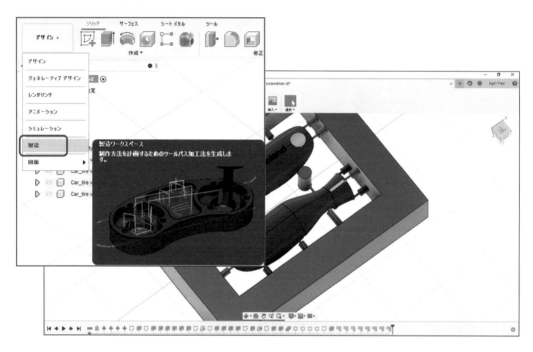

　［3D］-［ポケット除去］で再粗取りのツールパスを作成します。［工具］タブの「工具」で工具を選択します。

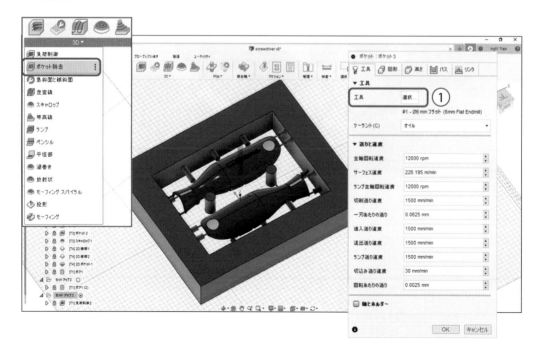

工具リストから「2 – ∅ 4mm L50mm (4mm Ball Endmill)」を選択し、[選択]を実行します。

　[形状]タブで「加工境界」を「選択」に設定し、内側の枠を選択します。「工具制限境界」を「工具内側境界」に、「追加オフセット」を「5 mm」、「取残し加工」のチェックをONにします。
「モデル」のチェックをONにし、作成した4つの面を選択します。

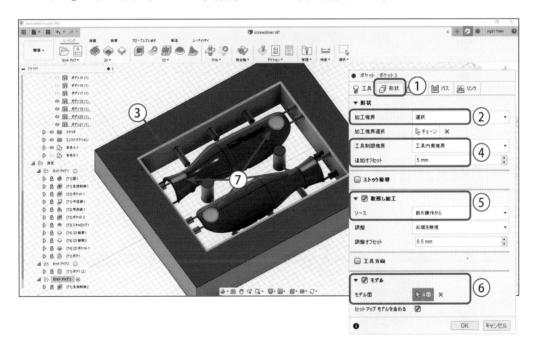

　［高さ］タブで「ボトム高さ」を「モデル トップ」にし、「オフセット」を「−15 mm」に設定します。

　［パス］タブで「手動切削ピッチ」をONにし、「最大切削ピッチ」を「0.8 mm」に設定、「径方向の仕上げ代」と「軸方向の仕上げ代」を「0.2 mm」に設定します。［OK］で確定します。

ツールパスが作成されました。

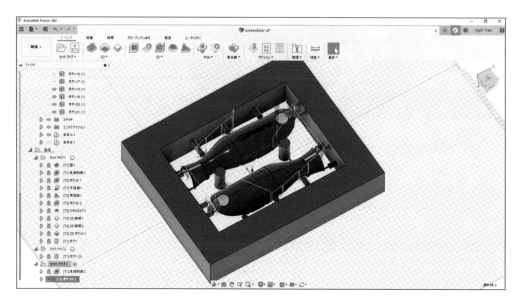

3.19 オモテ面加工の仕上げのツールパスをつくろう

　［3D］-［等高線］で仕上げのツールパスを作成します。引き続き「2　⌀4 mm ボール (4mm Ball Endmill)」が選択されていることを確認します。

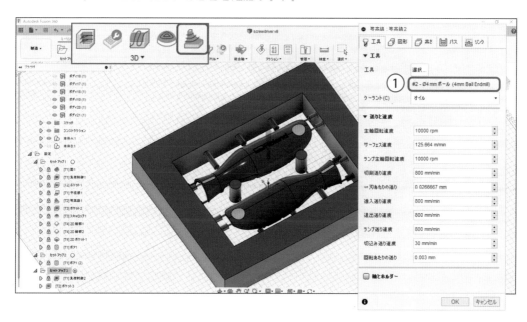

　［形状］タブで「工具制限境界」を「工具外側境界」に、「傾斜」のチェックを ON にし、「傾斜開始角度」を「60 deg」、「傾斜終了角度」を「89 deg」に設定します。

　「モデル」のチェックを入れ、製品形状と 4 つの面を選択し、「セットアップモデルを含める」のチェックを OFF にします。

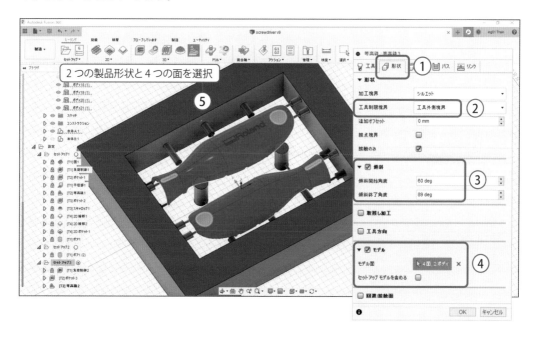

　「回避 / 接触面」のチェックを ON にし、外枠の形状と内側の形状を選択します。「回避 / 接
触面クリアランス」を「0.1 mm」に設定します。

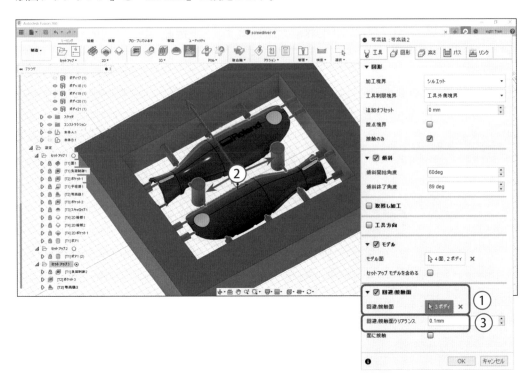

　[パス] タブで「最大切込みピッチ」を「0.2 mm」
に設定し、[OK] で確定します。

ツールパスが作成されました。

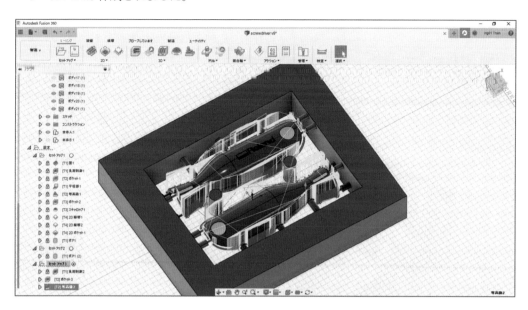

[3D]-[走査線]で緩斜面仕上げのツールパスを作成します。「工具」が「⌀ 4 mm ボール」になっていることを確認します。

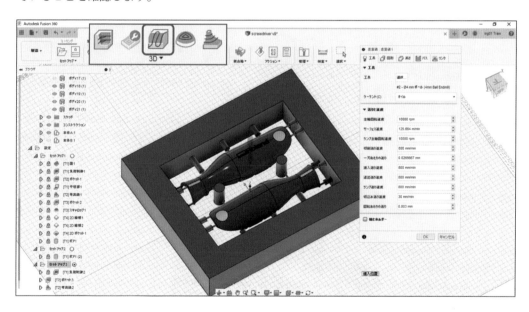

　［形状］タブで「工具制限境界」を「工具外側境界」に、「傾斜」のチェックをONにし、「傾斜終了角度」を「70 deg」に設定します。

　「モデル」のチェックをONにし、製品形状と作成した面を選択し、「セットアップ モデルを含める」のチェックをOFFにします。

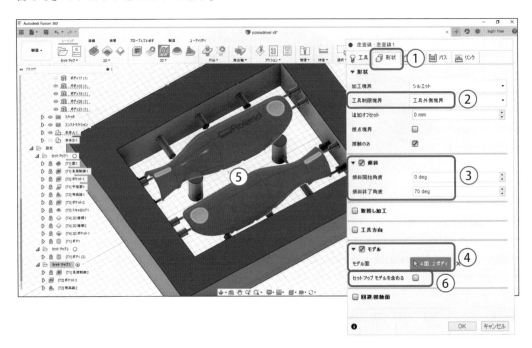

　「回避／接触面」のチェックをONにし、外枠の形状と内側の形状を選択します。「回避／接触面クリアランス」を「0.1 mm」に設定します。

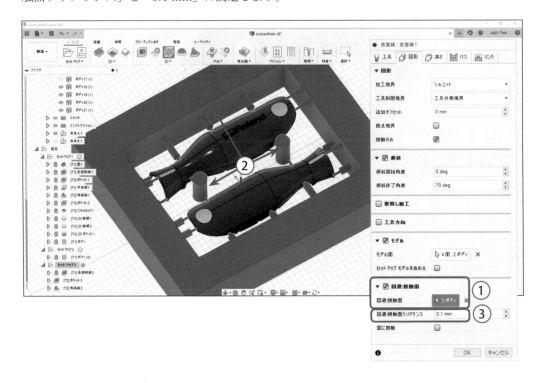

［パス］タブで「切削ピッチ」を「0.2 mm」に設定し、［OK］で確定します。

ツールパスが作成されました。

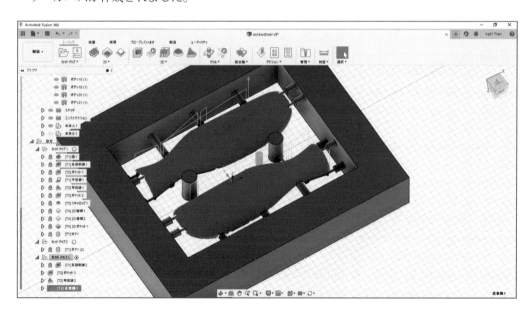

3.20 輪郭を仕上げるツールパスをつくろう

ブラウザで「モデル」-「screwdriver」-「ボディ」を開き、作成したサーフェスボディを非表示にします。

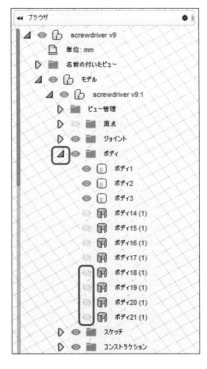

［2D］-［2D 輪郭］で輪郭加工を行います。［工具］タブの「工具」で工具を選択します。

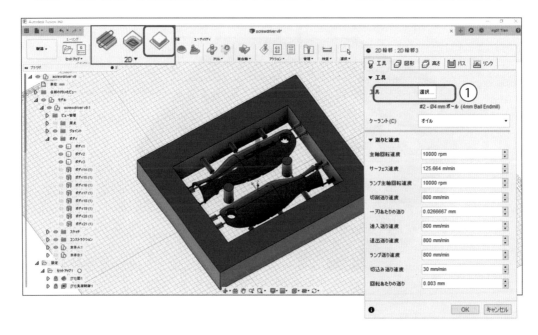

工具リストから「1 – ⊘ 6mm L50mm (6mm Flat Endmill)」を選択し、[選択] を実行します。

[形状] タブで2箇所の輪郭を選択し、[OK] で確定します。

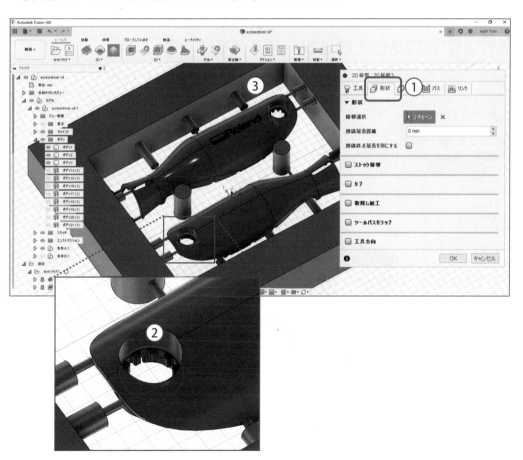

ツールパスが作成されました。

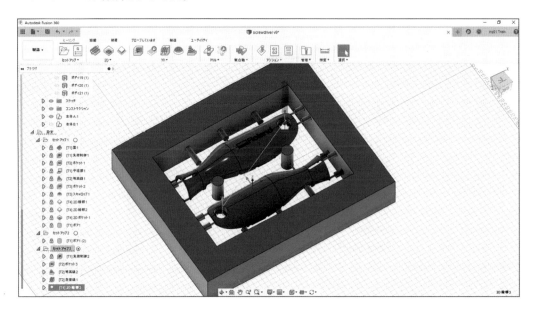

3.21 長穴を仕上げるツールパスをつくろう

[3D]-[ポケット除去] でツールパスを作成します。[工具] タブの「工具」で工具を選択します。

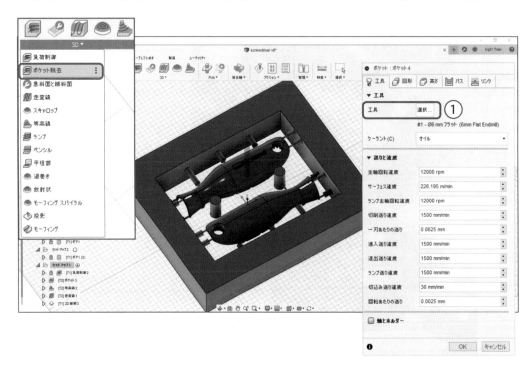

工具リストから「3 - ∅2mm L60mm (2mm Ball Endmill)」を選択し、［選択］を実行します。

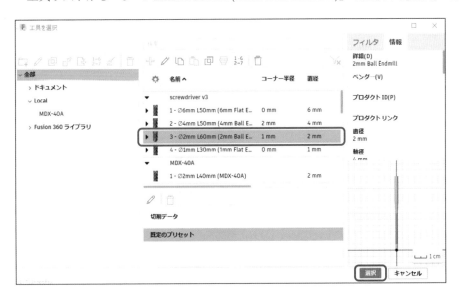

［形状］タブで「加工境界」を「選択」に設定し、以下の2箇所のエッジを選択します。「工具制限境界」を「工具内側境界」に設定します。

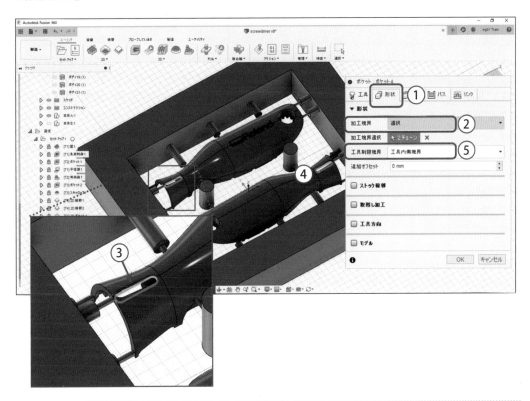

3次元的なエッジを選択すると、その範囲をZ方向に投影した範囲が加工境界となります。

［高さ］タブで「トップ高さ」を「選択」に設定し、ポケットの上端の点を選択します。

「ボトム高さ」を「選択」に設定し、ポケットの下端の点を選択し、「オフセット」を「−1.2 mm」に設定します。

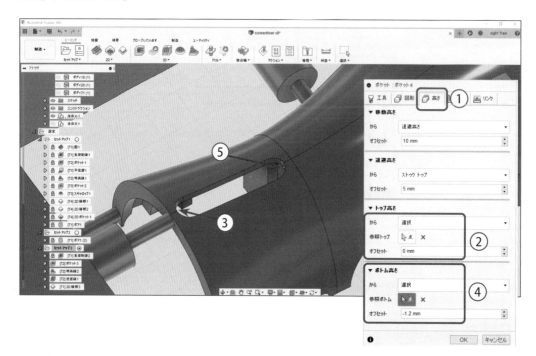

［パス］タブで「手動切削ピッチ」のチェックをONにし、「最大切削ピッチ」を「0.4 mm」に設定します。「最大粗取り切込みピッチ」を「0.8 mm」に設定し、「仕上げ代」のチェックをOFFにし、［OK］で確定します。

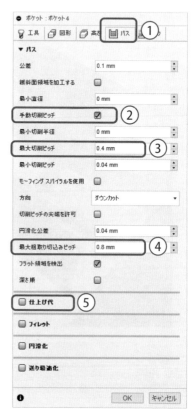

ツールパスが作成されました。

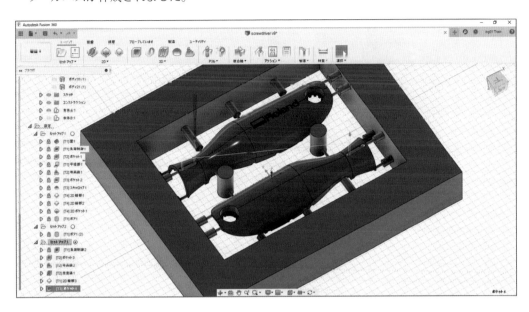

3.22　文字加工のツールパスをつくろう

ブラウザで Ctrl キー（Mac は Command キー）または Shift キーを使って、保護されていないツールパスを選択し、右クリックで［保護］を選択します。

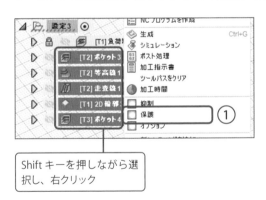

作業スペースを［デザイン］に変更します。

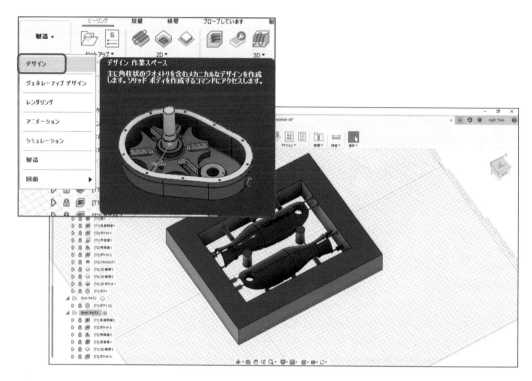

［スケッチを作成］で外枠の上面を選択します。

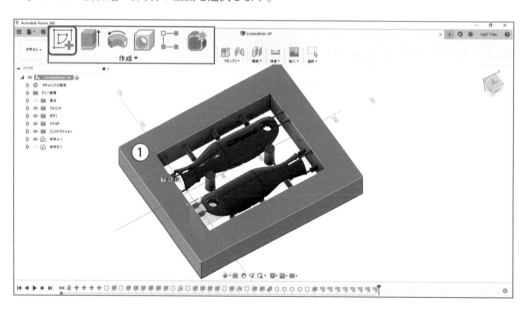

［作成］-［長方形］-［2点指定の長方形］で文字を囲むように Ctrl キーを押しながら以下の
長方形を作成します。［スケッチを終了］でスケッチを終了します。

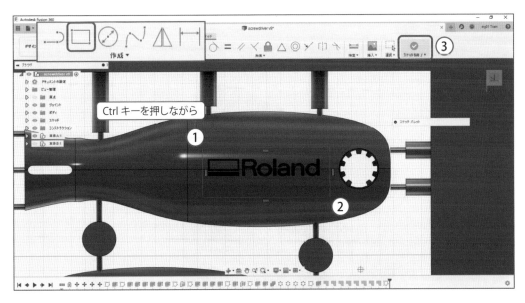

 Ctrl キーを押しながら作成することで、形状と関連付けせずに長方形を作成できます。

作業スペースを［製造］に変更します。

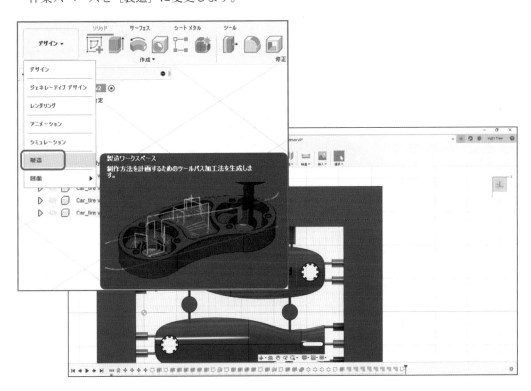

［3D］-［ペンシル］で文字部分のツールパスを作成します。［工具］タブの「工具」に「#3 - ∅ 2 mm ボール」が選択されていることを確認します。

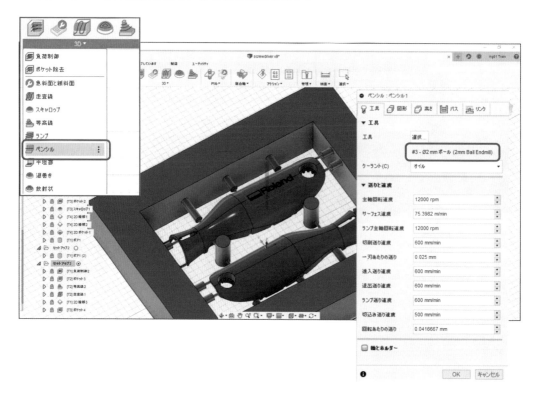

［形状］タブで「加工境界」を「選択」に設定し、作成した長方形を選択します。

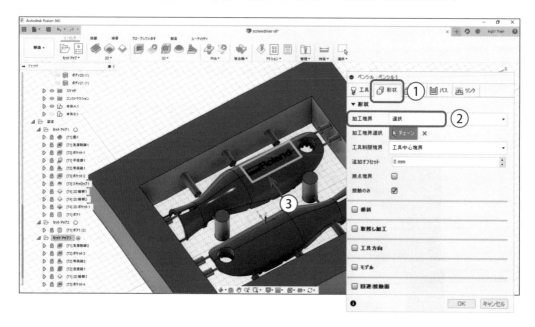

［パス］タブで「切削ピッチ」を「0.1 mm」に設定し、［OK］で確定します。

ツールパスが作成されました。

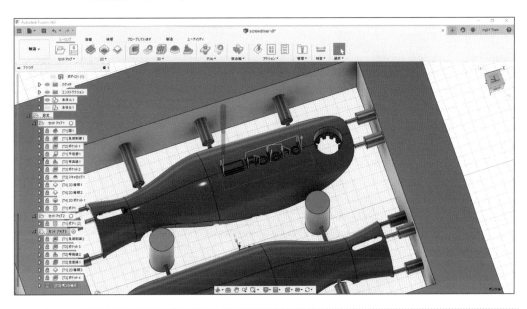

［ペンシル］は隅部を自動的に認識して、角にツールパスを作成するコマンドです。

完成です！

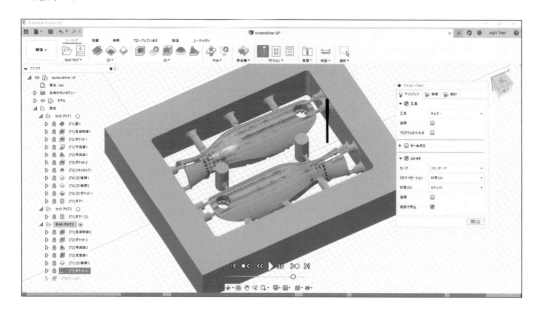

3.23 課題：電動ドライバーの持ち手

以下の画像の電動ドライバーの持ち手のツールパスを作ってみましょう。

加工対象

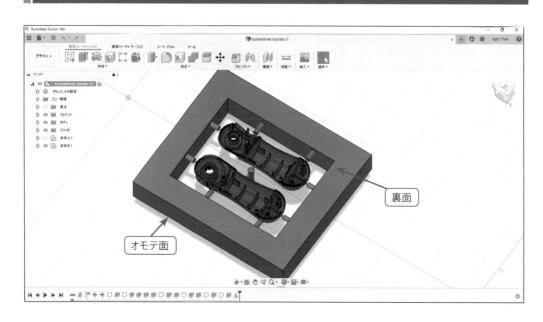

裏面

オモテ面

作成の条件

　課題データ（「screwdriver handle.f3d」）は、以下の URL を検索し、巻末の袋とじ内に記されているナンバーを入力してダウンロードしてください。

　　https://cad-kenkyujo.com/book/（「スリプリブック」で検索）

共通条件

- ●ストック（材料）の大きさ：外枠と同じ大きさ
- ●ストック（材料）の厚み：外枠と同じ厚み
- ●ワーク座標の位置：ストック（材料）の真ん中の一番低い位置
- ●固定方法：両面テープ

裏面加工の条件

- ●粗取り：
  ∅ 6 mm フラット（主軸回転数 13,000 rpm、送り速度 1,000 mm/min）
  切込みピッチ：4 mm
  中間切込みピッチ：1 mm
  仕上げ代：0.2 mm
  加工範囲：上面から 15 mm 下まで
  ランプ動作が進入できない箇所：1.5 mm のランプ直径で進入

- ●再粗取り：
  ∅ 4 mm ボール（主軸回転数 13,000 rpm、送り速度 800 mm/min）
  加工範囲：外枠を除く製品形状の最大外形
  取残し：粗取りで取り残した箇所のみを加工
  最小直径：4 mm
  切込みピッチ：1 mm
  切削ピッチ：0.8 mm
  仕上げ代：0.2 mm
  退出時の円弧動作：なし

- ●平面加工：
  ∅ 6 mm フラット（主軸回転数 13,000 rpm、送り速度 1,000 mm/min）
  加工範囲：外枠から 5 mm 内側まで
  ランプ進入できない箇所：0.5 mm のらせん動作で進入

- ●急斜面仕上げ加工：
  ∅ 4 mm ボール（主軸回転数 13,000 rpm、送り速度 800 mm/min）
  加工範囲：外枠の内側から 1 mm の範囲と、位置決め用の穴に工具が触れないように設定

　　ツールパスを作成する面：30°以上の斜面にのみ

　　切込みピッチ：0.2 mm

　　ギア部分の穴：オモテ面から加工するため、加工しない

● 再粗取り：

　　∅ 2 mm ボール（主軸回転数 13,000 rpm、送り速度 600 mm/min）

　　切込みピッチ：0.8 mm

　　切削ピッチ：0.4 mm

　　最小直径：4 mm

　　取残し：前のツールパスで取り残した箇所のみを加工

　　モデル：枠を除く本体形状のみ

　　進入：垂直に切り込み

　　仕上げ代：0.2 mm

● 緩斜面仕上げ加工：

　　∅ 2 mm ボール（主軸回転数 13,000 rpm、送り速度 600 mm/min）

　　工具の動き：同心円状の動作

　　加工範囲：外枠から 5 mm 内側まで

　　ツールパスを作成する面：70°までの斜面にのみ。ただし、平面にはパスを出さない

　　切削ピッチ：0.2 mm

● 輪郭加工：

　　∅ 6 mm フラット（主軸回転数 13,000 rpm、送り速度 1,000 mm/min）

　　加工範囲：以下の赤い面

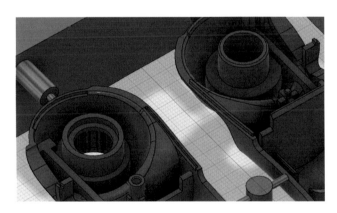

●ポケット加工：

⌀1mm フラット（主軸回転数 13,000 rpm、送り速度 800 mm/min）

加工範囲：以下の3箇所

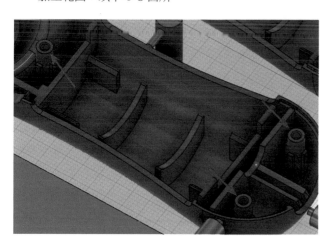

進入時のらせん直径：0.5 mm

切削ピッチ：0.5 mm

●位置決め穴の加工：

⌀6mm フラット（主軸回転数 13,000 rpm、送り速度 1,000 mm/min）

加工方法：らせん状に加工

切込みピッチ：0.5 mm

捨て板用位置決め穴加工の条件

●捨て板用位置決め穴の加工：

セットアップ：Z0 の位置から切り込むツールパスを作成

⌀6mm フラット（主軸回転数 13,000 rpm、送り速度 200 mm/min）

加工方法：らせん状に加工

切込みピッチ：0.5 mm

オモテ面加工の条件

●粗取り：

⌀6mm フラット（主軸回転数 13,000 rpm、送り速度 1,000 mm/min）

切込みピッチ：4 mm

中間切込みピッチ：1 mm

仕上げ代：0.2 mm

ランプ動作が進入できない箇所：1.5 mm のランプ直径で進入

加工範囲：以下の位置まで

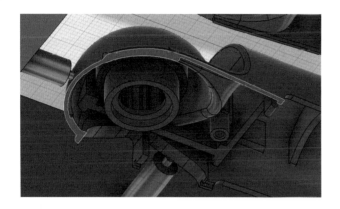

● 再粗取り：

∅ 4 mm ボール（主軸回転数 13,000 rpm、送り速度 800 mm/min）

加工範囲：外枠を除く製品形状の最大外形

取残し：粗取りで取り残った箇所のみを加工

最小切削半径：1 mm

最小直径：1 mm

切込みピッチ：1 mm

切削ピッチ：0.8 mm

仕上げ代：0.2 mm

退出時の円弧動作：なし

● 急斜面仕上げ加工：

∅ 4 mm ボール（主軸回転数 13,000 rpm、送り速度 800 mm/min）

加工範囲：外枠の内側から 1 mm の範囲に工具が触れないように設定

ツールパスを作成する面：50°以上の斜面にのみ

加工範囲：以下の位置から、2.2 mm 下まで

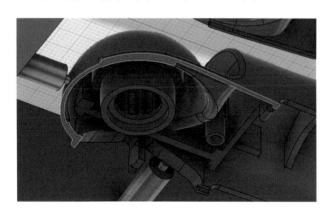

切込みピッチ：0.2 mm

進入時のらせん直径：0.5 mm

● 緩斜面仕上げ加工：

　∅ 4 mm ボール（主軸回転数 13,000 rpm、送り速度 800 mm/min）

　工具の動き：形状に沿って平行に加工

　加工範囲：外枠から 5 mm 内側まで

　ツールパスを作成する面：60°までの斜面にのみ

　切削ピッチ：0.2 mm

　ギア部分の穴：穴がないものとして面なりに加工

● 輪郭加工：

　∅ 6 mm フラット（主軸回転数 13,000 rpm、送り速度 1,000 mm/min）

　加工範囲：以下の赤い面

　加工位置：貫通穴の下面より 0.2 mm 下

● ギア部分の加工：

　切込みピッチ：0.5 mm

　切削ピッチ：0.5 mm

● 溝部分の加工：

　加工方法：輪郭

　切込みピッチ：0.5 mm

　進入・退出距離：0.1 mm 作成のヒント

作成のヒント

※以下の加工方法はあくまで一例です。いろいろな加工方法を試し、それぞれのメリットやデメリットを考えてみてください。

① ［設定］でストックの大きさとワーク座標の位置を設定します。

② ［負荷制御］で負荷を減らしたツールパスができます。

③ 再粗取りは［ポケット除去］で行います。

④ 再粗取り加工の際、［最小切削半径］を設定することで、工具負荷を抑えた加工ができます。

⑤急斜面は［等高線］、緩斜面は［スキャロップ］または［走査線］が適しています。

⑥急斜面仕上げで加工範囲を選択する際に、位置決め用穴の円柱面を選択することで、位置決め用穴にはツールパスが作成されなくなります。

⑦加工範囲は、「工具制限境界」と「追加オフセット」で設定できます。

⑧［工具制限境界］の［工具内側境界］と［工具外側境界］を活用し、仕上げ加工の急斜面と緩斜面のオーバーラップ部分の調整をしましょう。

⑨加工したくない範囲は、サーフェスを作成してツールパスを制御します。

⑩部分的に仕上げる箇所は［2D］コマンドで［2D輪郭］を使用します。

今回のモデル作成のための推奨コマンド

- ●［設定］-［設定］
- ●［3D］-［負荷制御］
- ●［3D］-［ポケット除去］
- ●［3D］-［平坦部］
- ●［3D］-［等高線］
- ●［3D］-［スキャロップ］
- ●［3D］-［走査線］
- ●［2D］-［2Dポケット］
- ●［2D］-［ボア］
- ●［2D］-［2D輪郭］
- ●［作成］-［パッチ］

解答

解答は、以下URLにてご紹介しております。

　https://cad-kenkyujo.com/book/　（「スリプリブック」で検索）

第4章

カスタムポストプロセッサ
をインポートしよう

次の内容を学習します。

- ● ポストプロセッサとは
- ● ポストプロセッサのダウンロード
- ● ポストプロセッサのインポート

4.1 ポストプロセッサとは

　ポストプロセッサは、CAM データを各工作機械に合わせた NC データに変換するためのツールです。Fusion 360 を始めとする CAM ソフトウェアは、様々な工作機械に汎用的に対応するために、ツールパスデータを CAM ごとの独自の形式で保持しています。

　一方、工作機械には、制御機と呼ばれる、NC データを読み取って機械を動作させるプログラムが付属しています。代表的な制御機が幾つかあり、制御機によって NC データの記述方法が大きく異なります。Fusion 360 で作成した CAM のデータを、各制御機用にカスタマイズされたポストプロセッサを通して変換することで、各制御機にあった NC データを生成できます。使用される機械によってポストプロセッサを切り替えることで、同じ CAM データを使用して各工作機械に対応した NC データを作成できるのです。

　さらに、産業用のマシニングセンタなどでは、同じ機械や制御機でも、機械の型式やオプション機能の有無によって NC データの記述の方法が異なることもしばしばあります。普段使用されている NC データに近い形式で出力する場合には、ポストプロセッサのカスタマイズが必要になります。

　弊社の BIZ ROAD（ビズロード）サービスで、「ポストプロセッサ作成サービス」を提供しておりますので、ご希望の方はお問い合わせください。

　　https://bizroad-svc.com

4.2 ポストプロセッサのダウンロード

　Fusion 360 には、雛形ポストとして数十種類のポストプロセッサが標準でインストールされています。それに加え、機械メーカーなどが工作機械毎にカスタマイズした最新のポストプロセッサがダウンロードできる Web サイトが公開されています。

　　「Post Library for Fusion 360」　https://cam.autodesk.com/hsmposts

　今回は、この Post Library より、KitMill シリーズ用のポストプロセッサをダウンロードします。

　「Post Library for Fusion 360」にアクセスします。

　検索フィールドで、「originalmind」と入力し、［Download］でダウンロードします

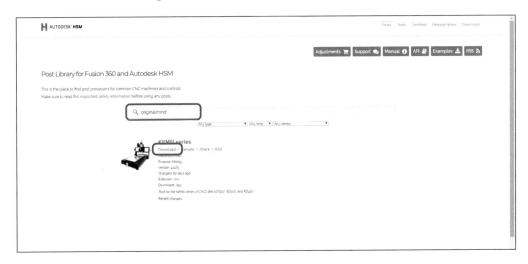

ダウンロードされた「originalmind.cps」ファイルがポストプロセッサファイルです。

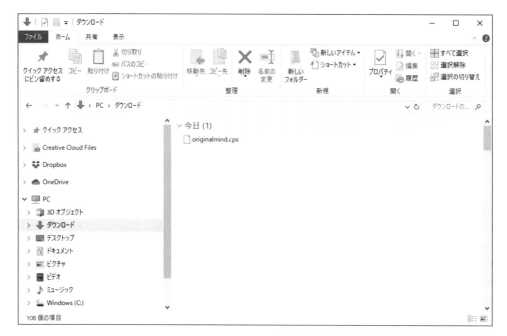

Windowsの場合、［アクション］-［ポスト処理］コマンドからPost Libraryのサイトに移動できます。

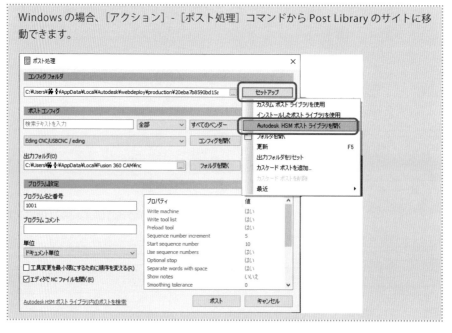

4.3 ポストプロセッサのインポート — Windows 編

　ツールパスが含まれた任意の CAM データを開き、ブラウザでツールパスを選択し、「アクショ
ン」-［ポスト処理］を選択します。

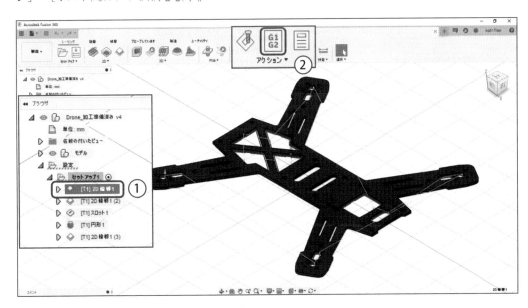

　［ポスト処理］コマンドを実行するには、ツールパスが含まれたデータである必要があり
ます。

　［セットアップ］-［カスタム ポストライブラリを使用］を選択します。

［セットアップ］-［フォルダを開く］を選択します。

立ち上がったエクスプローラに、ダウンロードした「originalmind.cps」ポストプロセッサを貼り付けます。

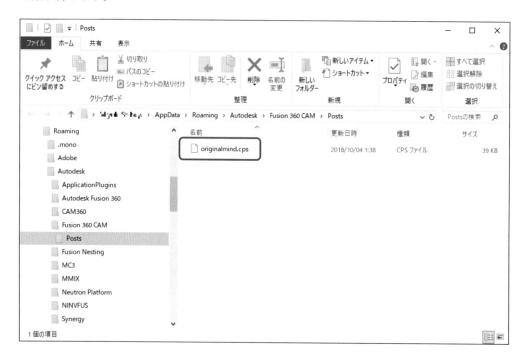

[セットアップ] - [更新] を選択します。

 この操作は、ポストプロセッサをインポートするためのもので、初めの1回だけ行えば問題ありません。指定のフォルダにポストファイルを配置しておくことで、今後ドロップダウンリストで選択できるようになります。

ドロップダウンリストから「KitMill series/originalmind」を選択し、[ポスト] で NC データを作成します。

4.4 ポストプロセッサのインポート — Mac OS 編

　ツールパスが含まれた任意の CAM データを開き、ブラウザでツールパスを選択し、［アクション］-［ポスト処理］を選択します。

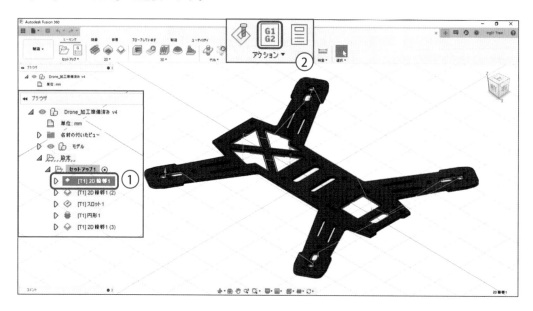

　［アクション］-［ポスト処理］を選択し、「ソース」から「カスタム ポスト」を選択します。

　Finder で、「/Users/ ユーザー名 /Autodesk/Fusion 360 CAM/Posts」フォルダを開き、「originalmind.cps」を貼り付けます。

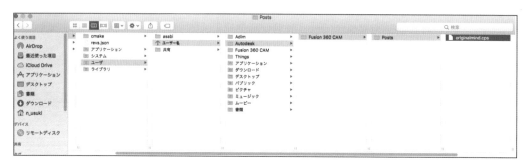

［キャンセル］を選択し、コマンドを終了します。

再度［アクション］-［ポスト処理］を選択します。

「ポスト プロセッサ」のドロップダウンリストから
「KitMill series」を選択し、［OK］でNCデータを作
成します。

第5章

ATC 付きの機械を動かそう

次の内容を学習します。

- ATC とは
- 工具番号の設定方法

5.1 ATC とは

　ATC とは、Auto Tool Changer の略で、自動的に工具を交換する装置です。本来、粗取りでは太い工具を使用すると切削時間が短くなり、細かい箇所は細い工具を使用したほうが隅まできれいに削れます。ただし、工具を交換する際には人間の手が入るため、全自動加工は出来ません。

　そのため、自動的に工具を交換する ATC 機構が付いている機械が登場しました。産業用の大型の工作機械のうち、ATC がつき、NC データで動作するものを「マシニングセンタ」と呼んでいます。

　最近では卓上に置ける小型の機械にも ATC が付属したものも増えてきています。今回は、ローランド ディー . ジー . 株式会社製の「MDX-50」を使用して、ATC 付きの機械の動作に関する設定をご紹介します。

　MDX-50 では、合計 6 本（1 本は検出ツール）の工具を取り付けることが出来ます。工具はあらかじめセッティングしておき、NC データの司令によって適切な工具を掴みます。

　書いてある数字が工具番号と呼ばれるものです。工具番号は、NC データに「T」の記号で表現されるため、「T 番号」と呼ばれることもあります。

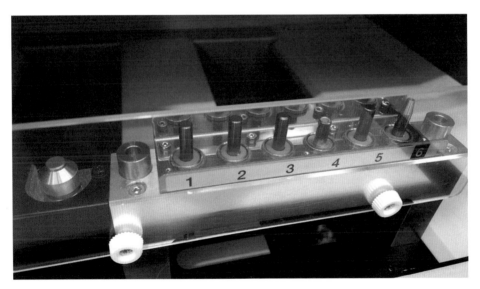

ATC 機能は企業向け機械の機能となるため、有償ライセンス必要となります。

5.2 工具番号の設定

　データパネルを開き、[アップロード] ボタンを選択します。[ファイルを選択] で「ATC.f3d」を選択し、アップロードします。

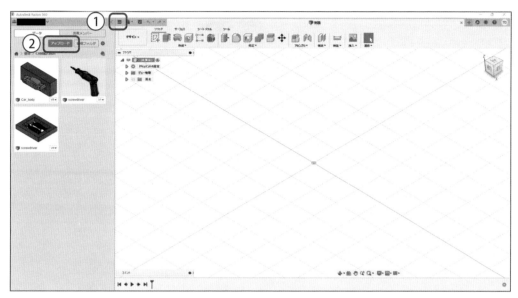

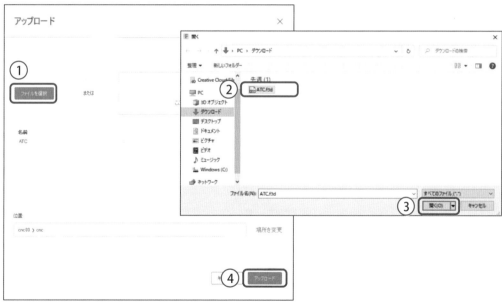

使用するデータは、以下の URL からダウンロードできます。
　　https://cad-kenkyujo.com/book/（「スリプリブック」で検索）
「ATC 付きの機械を動かそう」フォルダの「ATC.f3d」を使用します。

［管理］-［工具ライブラリ］で、工具ライブラリを開きます。

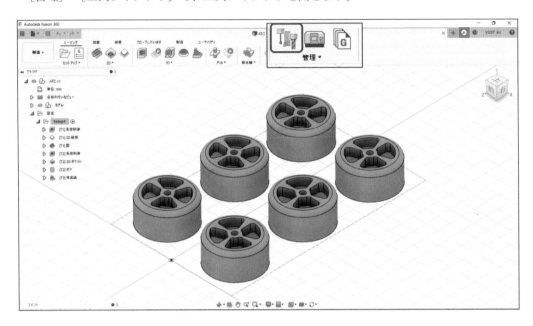

ライブラリで、「ドキュメント」-「ATC」を選択します。

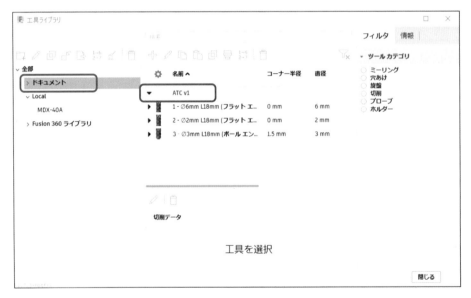

「ドキュメント」には、現在開いているファイルの名前が表示されます。ファイル名をクリックすると、そのドキュメント内にて使用している工具がリストで表示されます。

　各工具の最初の数字が工具番号です。「1 - ∅6 mm L18mm」は1番、「2 - ∅2 mm L18mm」は2番の工具です。

　工具番号3番の工具を選択し、上部アイコンから「工具を編集」を選択します。

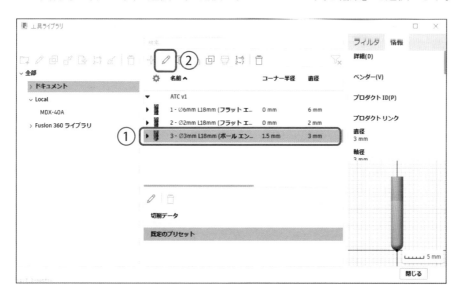

　「ポストプロセッサ」タブで、「番号」を「4」に変更し、[承認] で確定します。

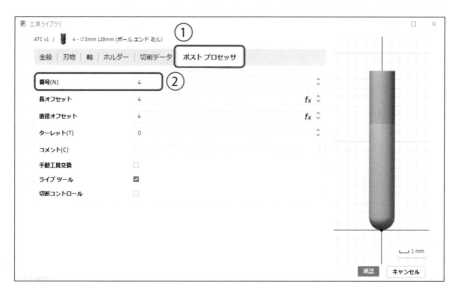

 「長オフセット」と「直径オフセット」の番号は自動的に変更されます。通常、「番号」、「長オフセット」と「直径オフセット」は同じ番号に設定してください。

工具番号が 4 に変わったのを確認し、[閉じる]で「工具ライブラリ」を閉じます。

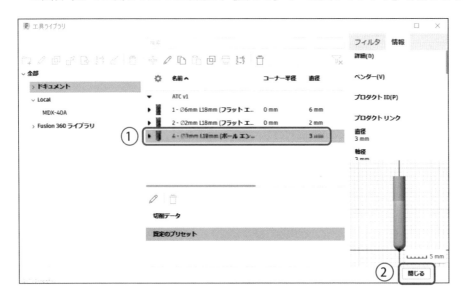

ブラウザで、ツールパスで使用されている工具の工具番号を確認できます。

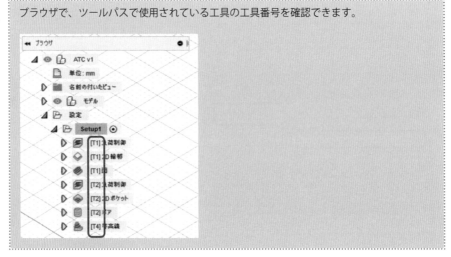

ブラウザで「Setup1」を選択し、［アクション］-［ポスト処理］を選択します。

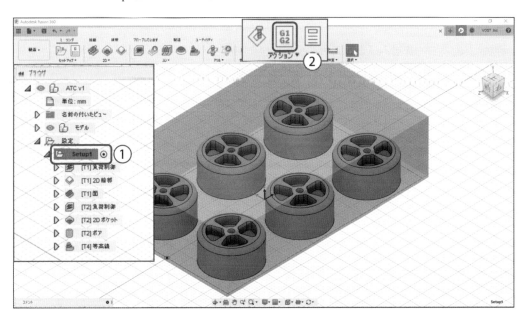

ATCがついていない機械の場合、工具ごとにツールパスを［ポスト処理］する必要がありますが、ATCが付いている機械では一括で［ポスト処理］することで、自動で工具を交換しながら加工が行われます。

NCデータ上では、工具番号は「T」で表現されます。「T1」という指令で、工具番号1番の交換が自動的に行われます。

```
%
000001001
(T1 D=6. CR=0. - ZMIN=0.2 - FLAT END MILL)
G90 G94 G17
G21
G91
G28 Z0.
G90
(Aditive Clearing 1)
T1 M6
S15000 M3
G54
G0 X-42.105 Y-32.915
```

5.3 工具交換の動作を確認しよう

機械に NC データを読み込ませ、加工を開始します。

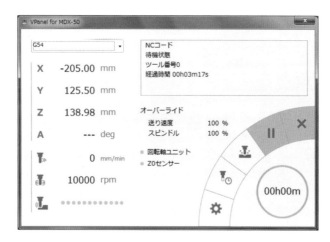

Fusion 360 上で設定した工具番号（今回は 1 番）が呼び出され、自動的に工具を交換します。

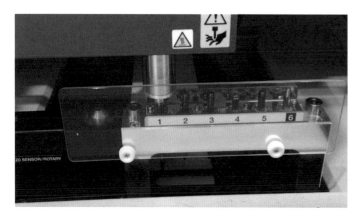

　工具番号 1 の加工が終了すると、自動的に工具番号 2 が呼び出され、自動的に工具を交換します。

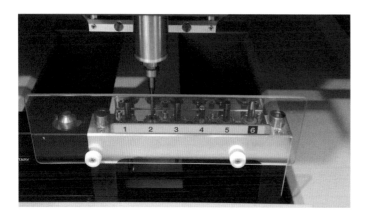

　工具番号2の加工が終了すると、自動的に工具番号4が呼び出され、自動的に工具を交換します。

索引

■ 著者プロフィール

三谷 大暁（みたに・ひろあき）
株式会社 VOST 最高技術責任者
1984 年鳥取県倉吉市生まれ。
横浜国立大学在学中に「ものづくり」に興味を持ち、製造業に飛び込む。
3D CAD/CAM ソフトウェアを通じて多数のコンサルティングの経験を持ち、製品設計・金型設計・マシニング加工等、「設計から製造」までの幅広い業種の知識を生かした現場目線の問題解決を得意とする。
誰でも「ものづくり」ができる世界を目指し、株式会社 VOST の立ち上げメンバーとして参画。

大塚 貴（おおつか・たかし）
株式会社 VOST シニアエンジニア
1983 年愛知県愛知郡東郷町生まれ。
東京大学大学院在学中に「ものづくり」に興味を持ち、卒業後に 3D CAD/CAM ベンダーに就職。
製品化業務を通じて、設計から加工まで幅広くソフトウェアに携わる中、その経験を活かし CAD/CAM の総合的な運用コンサルティング業務にも従事。
株式会社 VOST の目指す世界に共感し、メンバーとして参画。

濱谷 健史（はまたに・たけし）
株式会社 VOST BIZ ROAD 事業部テクニカルチーフマネージャー
1982 年京都府相楽郡精華町生まれ。
東京理科大学理工学部在学中に「3D CAD」に興味を持つ。
3D CAD/CAM メーカーにて、製造業へのテクニカルコンサルティングを経験後、テクニカルマネージャーとして新製品開発、マーケティングに携わる。
メーカーにて、製品設計から複合旋盤加工での量産までの「ものづくり」の全工程を経験し、同時にインダストリー 4.0 の実現に向け、3D プリンティングなど新技術の実用化に向けて尽力。
株式会社 VOST の法人向けサービス「BIZ ROAD」の立ち上げメンバーとして参画。

データ協力：
　　株式会社オリジナルマインド様
　　ローランド ディー . ジー . 株式会社様
協力：
　　株式会社オリジナルマインド代表取締役　中村一様
　　株式会社オリジナルマインド　秋津浩紀様
　　ローランド ディー . ジー . 株式会社日本セールスユニット　田中裕之様
　　株式会社 VOST 代表取締役　別所智広
　　株式会社 VOST DD　坂元浩二
　　渋谷 美幸
　　臼木 菜穂

次世代クラウドベース 3DCAD/CAM

フュージョン　スリーシックスティー
Fusion 360 操作ガイド CAM・切削加工編2
2021 年版

2017 年　8 月 10 日　　初版第 1 刷発行
2020 年 11 月 20 日　　第 3 版第 1 刷発行

著　者　　スリプリ（株式会社 VOST）　三谷 大暁／大塚　貴／濵谷 健史
発行人　　石塚 勝敏
発　行　　株式会社 カットシステム
　　　　　〒 169-0073 東京都新宿区百人町 4-9-7　新宿ユーエストビル 8F
　　　　　TEL（03）5348-3850　　FAX（03）5348-3851
　　　　　URL　http://www.cutt.co.jp/
　　　　　振替　00130-6-17174
印　刷　　シナノ書籍印刷 株式会社

本書に関するご意見、ご質問は小社出版部宛まで文書か、sales@cutt.co.jp 宛に e-mail でお送りください。電話によるお問い合わせはご遠慮ください。また、本書の内容を超えるご質問にはお答えできませんので、あらかじめご了承ください。